Johan De Geest

Homéopathie

Johan De Geest

Homéopathie

La guérison par le rétablissement de l'équilibre

Éditions Vie

Imprint

Any brand names and product names mentioned in this book are subject to trademark, brand or patent protection and are trademarks or registered trademarks of their respective holders. The use of brand names, product names, common names, trade names, product descriptions etc. even without a particular marking in this work is in no way to be construed to mean that such names may be regarded as unrestricted in respect of trademark and brand protection legislation and could thus be used by anyone.

Cover image: www.ingimage.com

Publisher:
Éditions Vie
is a trademark of
International Book Market Service Ltd., member of OmniScriptum Publishing Group
17 Meldrum Street, Beau Bassin 71504, Mauritius

Printed at: see last page
ISBN: 978-613-9-58811-4

HOMEOPATHIE

LA GUERISON PAR LE RETABLISSEMENT DE L'EQUILIBRE

JOHAN DE GEEST

INTRODUCTION

Comment devient-on homéopathe ? Pourquoi plus de mille médecins avec une solide formation scientifique ont-ils choisi de pratiquer une médecine ridiculisée et chargée de l'anathème de charlatanisme ? Je ne connais pas la réponse des autres. Je suppose qu'un certain nombre le faisait parce que leur père ou leur oncle était homéopathe ; et d'autres parce que l'homéopathie les avaient guéris d'une maladie.

Beaucoup des convertis ont peut-être franchi le pas après avoir constaté chez leur patients d'incompréhensibles guérisons. Un confrère n'en revenait pas qu'un patient se déclarait guéri de sa migraine. « Et par quelle méthode ? » avait-il demandé. « Par l'homéopathie » avait répondu le patient. « Alors, je veux aussi connaître cette thérapie » avait pensé le confrère. Et le voici lancé dans cette voie difficile...

De multiples confrères se sont de la même manière intéressés à cette médecine décriée par la faculté. En fait, sur le terrain, les médecins sont amenés à constater que les résultats de la médecine académique sont souvent tout sauf fantastiques.

Certainement la médecine technologique a pris un envol énorme et dans les hôpitaux, les appareils diagnostiques tournent à plein temps. Prises de sang, radiographies, angiographies, échographies, échographies Doppler, laparoscopies, scanners de tout genre, tomodensitométries, PET-scans, résonances magnétiques, servent à décrypter les rouages internes du corps humain. Chaque année apporte sa moisson de nouvelles techniques. L'évolution de la chirurgie provoque aussi notre admiration. Notamment en gynécologie, toute une série d'opérations peuvent être exécutées par laparoscopie. Les progrès en chirurgie min-invasive et robotique font des miracles entre autres pour le cancer et l'hypertrophie de la prostate, où les opérations encore récentes entraînaient presque inexorablement de l'impuissance et de l'incontinence urinaire. En ophtalmologie, les opérations au laser font merveille. Les myopes peuvent jeter lunettes et lentilles, les seniors atteints de cataracte retrouvent la vision de leurs jeunes années.

Beaucoup de médicaments ont inversé le mauvais pronostic d'une série de maladies. Des infections graves qui mettent en danger le pronostic vital peuvent facilement être vaincues par antibiotiques. Que ferait le diabétique sans insuline ? Et le tuberculeux sans antibiotiques ? Ou l'ulcéreux sans l' oméprazole ? Ou l'asthmatique sans spray bronchodilatateur ?

Et pourtant... Précisément au niveau des maladies chroniques, la médecine reste souvent sans réponse. Pour une grande partie des petites ou des grandes affections pour lesquelles un patient cherche la guérison, le médecin ne peut offrir qu'un symptomatique, et pas un guérissant soulagement. Maux de tête, lombalgies et autres douleurs au dos, ainsi que les douleurs rhumatismales, sont traités avec des antidouleurs qui certes, souvent soulagent, mais qui tout aussi souvent donnent de graves effets secondaires.

Pour l'asthme, il y a beaucoup de traitements, mais pas de guérison. L'eczéma peut être refoulé avec de la crème à la cortisone, mais réapparaît dès que les applications sont arrêtées. C'est pareil pour le rhume des foins. Des antidépressifs peuvent soulager le moral, mais doivent être pris pendant de longs mois. Les angoisses sont diminuées par les benzodiazépines, mais pas guéries.

Sera-t-on étonné qu'aussi bien le patient qu'un nombre de médecins se tournent vers une médecine qui ne traite pas les symptômes, mais qui guérit ? Moi-même, je n'ai franchi le pas vers l'homéopathie qu'après une longue hésitation. Je m'y suis intéressé une première fois quand j'ai publié, pendant ma dernière année d'études, une série d'articles sur les médecines alternatives. Puis, ayant obtenu après sept

ans d'étude mon diplôme de médecine, je n'avais pas envie d'entamer l'étude ardue de l'homéopathie. Je me mis à étudier l'acupuncture et commençai à pratiquer cette médecine.
Assez vite, je me rendis compte que la plupart des collègues acupuncteurs ne parvenaient pas à guérir avec la seule application des aiguilles.
Presque tous y ajoutaient une kyrielle de thérapies classiques ou alternatives, telles que les sérocytols, les plantes, les oligoéléments, ou – Hé bien oui- l'homéopathie ...

Pour celui qui n'a pas étudié l'homéopathie, il existe des volumes de recettes de cuisine, qui en fait représentent un simulacre de cette médecine. Néanmoins, j'essayais parfois un remède moi-même, ou j'en prescrivais un. Et que voyais je ? Ces remèdes donnaient du résultat !
Je voulus en savoir plus, et j'ai commencé à suivre des cours d'homéopathie. Je prescrivais plus, j'étudiais plus et j'étais immanquablement attiré dans le giron de cette discipline. Des guérisons m'ont convaincu, et c'est à l'aide d'exemples, que j'essayerai aussi, cher lecteur, d'éveiller votre intérêt.

Il y a trois mois, j'ai vu un patient de quarante-deux ans qui s'est débattu pendant toute sa vie adulte avec des problèmes d'estomac. Après des vacances de ski au Club Med il était de nouveau confronté avec un sursaut de son ulcère. Il a pris pendant un mois de l' oméprazole. Normalement l'ulcère d'estomac doit être guéri après un tel traitement. Mais l'oméprazole n'est pas plus un remède miracle que les autres traitements contre l'ulcère. Les patients rechutent facilement, et on en voit donc beaucoup qui avalent le remède pendant des mois, voire des années. Mon patient n'était pas vraiment satisfait à propos de son traitement. Pendant qu'il prenait son Losec consciencieusement, il n'avait certes pas mal à l'estomac, mais il continuait à ressentir une légère gêne. Il sentait la maladie encore aux aguets, prête à pointer sa vilaine tête aux moindres imprudences. Ce qui ne tardait pas de survenir. Aussitôt qu'il arrêta le médicament, il ressentit le rongement alarmant revenir. Après cinq jours il eut un malaise au milieu de l' après-midi. L'ulcère et la douleur étaient toujours présents. Il devait vite reprendre son médicament pour maîtriser le malaise.

Je retins de la consultation les points suivants : K. se sentait toujours faible et près de l'évanouissement, lors d'un sursaut de sa douleur d'estomac. Il s'était aussi rendu compte que le mal d'estomac irradiait vers le dos. Je connais K. depuis longtemps et je sais qu'il est susceptible et irritable.

Ces éléments me mettaient sur la voie du remède Hepar Sulfur.

Je lui donnai donc une dose de 200 K (cela veut dire 200 dilutions consécutives d'un centième). J'appris un mois plus tard, que dès le premier jour, il n'était plus dérangé de l'estomac. Pendant tout le mois il ne sentit son estomac que deux fois et ne prit son médicament qu'une seule fois.

Selon des professeurs renommés qui éclairent des commissions sceptiques, mon patient était sans aucun doute victime d'une illusion, et si sa maladie s'est améliorée, cela ne pouvait être que par effet placebo. Placebo, le grand mot. Placebo, du latin, littéralement, « je plairai » sous-entendu « au médecin ». Placebo, parce que le remède homéopathique ne serait qu'un petit sucre, un produit sans action, sans contenu réel.

Il y a quelques années, un ami me consulta pour son fils de trois ans, qui devait selon le spécialiste subir une opération des amygdales. Je regardai les amygdales et je prescris un traitement. A ce moment, la mère de 31 ans du petit garçon me demanda si je pouvais faire quelque chose pour elle. Je suis chauve depuis dix ans, me dit-elle, j'ai essayé plusieurs traitements, entre autres l'homéopathie, et rien ne m'a aidé.

Elle enleva devant mes yeux ébahis sa perruque, et en effet, elle n'avait pas un seul cheveu sur le crâne . Je dis que je n'avais pas beaucoup de temps, que le patient suivant attendait, et que je ne pouvais pas garantir que je pourrais l'aider. Mais j'écoutai, je posai les questions qui devaient être posées, et lui donnai le remède qui me semblait le plus indiqué pour sa personnalité faible et pour sa calvitie : Baryta Carbonica. Quelques mois plus tard je reçus une lettre de sa part, dans laquelle elle me remerciait, parce que ses cheveux repoussaient. Placebo ? Très remarquable, en tout cas.

Beaucoup de personnes semblent accepter que l'homéopathie peut traiter avec succès des plaintes psychosomatiques. Le patient et même le médecin sont d'autant plus étonnés quand ils se rendent compte que même des problèmes mécaniques peuvent être réglés par cette médecine raffinée.

Il y a deux ans, un oncle me demanda si je pouvais faire quelque chose pour lui. Il souffrait depuis quinze ans de la prostate. Son médecin lui avait dit qu'une opération s'imposait, mais d'abord il voulait encore essayer l'homéopathie. Je dis que cela ne serait pas facile, parce que c'était un problème purement mécanique. Il consiste au fait que la prostate agrandie exerce une pression sur la sortie de la vessie. Et le surplus de tissu de la prostate ne disparaît pas avec des médicaments. Mais on pouvait toujours essayer...

Les problèmes se résumaient à :

1. de l'incontinence urinaire, c'est à dire qu'il souffrait d'accidents soudains de fuite urinaire, comme cela peut arriver chez des hommes vieillissants.
2. La nuit, il devait se lever trois ou quatre fois pour uriner.
3. Le jet urinaire était devenu très fin et faible.

Mon oncle avait toujours été un battant, et ceci, ainsi que d'autres caractéristiques, me guidaient vers le remède Sulfur.

Après une semaine rien n'avait changé. Mais deux semaines plus tard tous ses symptômes avaient diminué : il se levait encore deux fois la nuit, parfois même pas du tout, il n'avait plus d'accidents urinaires, et son jet urinaire était plus fort. Après trois mois, l'impact du remède diminuait : de nouvelles prises en dilutions augmentées apportaient une amélioration temporaire, mais en juillet l'action de Sulfur était épuisée. Néanmoins, il avait éprouvée une réelle amélioration pendant six mois, et il se portait mieux qu'avant le traitement : il se levait deux fois par nuit, et il pouvait mieux contrôler son besoin d'uriner.
Alors, je lui donnai du Rhus Tox. Et de nouveau s'ensuivit un mieux spectaculaire qui dura six mois.
Placebo ?? Pour inverser des problèmes de la prostate ? Rien moins d'étonnant.

Moi-même j'eus un accident de ski, il y a huit ans à Oberguergl en Autriche. En bas de la station le tourniquet qui donne accès aux remontées ne fonctionnait qu'après insertion du forfait de ski, contrairement aux tourniquets des remontées plus élevées. Un matin, grisé par ma première descente, j'arrivai à une remontée intermédiaire. Personne n'attendait et je m'avançai, en skiant toujours, vers le tourniquet, en supposant qu'il était ouvert. Mais non, je heurtai violemment la barre fermée et atterris avec un salto de l'autre côté. Couché par terre, l'idée me traversa que j'avais dû me fracturer une jambe. Mais le sytème locomoteur sembla encore fonctionner quand je me redressai lentement. Les jours suivants j'ai continué à skier comme si de rien n'était.
Mais une semaine après mon retour, sur un terrain de tennis, sans doute à cause de mouvements abrupts latéraux, une douleur au genou se manifesta. Cette douleur s'aggrava les semaines et les mois suivants, non seulement en jouant au tennis, mais aussi en exécutant de simples manœuvres, comme se lever d'une chaise, ou descendre un

escalier. Aussi la nuit, je devais surveiller comment je me couchais. L'ostéopathie n'avait aucun effet.

En juin je consultai un grand spécialiste du genou à l'hôpital de l'université de Louvain. Ce médecin posa, après les examens, le diagnostic de rupture des ligaments croisés postérieurs du genou. Il ne préconisa provisoirement pas d'opération, mais seulement une thérapie « conservatrice », c'est-à-dire de la kinésithérapie. Je m'y appliquai, mais l'état de mon genou continuait à s'aggraver. Chaque fois que je me levais pour examiner un patient, je boitais. En octobre j'aidais à poser du tapis dans l'escalier de ma maison. Assis sur mes genoux, j'étalais de la colle, mais après quelques heures de ce travail, je n'arrivai plus à me redresser. Le genou droit était complètement bloqué. Parce que je n'arrivais pas à actionner la pédale de vitesse de mon véhicule, je parvins à peine, le jour suivant, à me rendre chez mon ami l'ostéopathe. Ses manipulations m'aidaient à bouger, mais la douleur ne bougeait pas. Une semaine plus tard, à un congrès d'homéopathie, pendant que je me promenais avec une amie, je me plaignis des lancements dans mon genou.

« Dans des cas pareils dans lesquels une opération est quasi inévitable, » disait-elle, « mon maître, le Dr. Lincz, aurait donné du Nitricum Acidum. Attention, il faut prendre le remède pendant un ou deux mois. »

J'ai appliqué cette recette, et après pas plus d'une semaine, mon genou était guéri. Depuis lors, je joue encore au tennis deux ou trois fois par semaine et je pars au ski chaque année. Je n'ai plus senti mon genou.

Comment est-ce possible ? Un problème purement mécanique guéri par homéopathie ? Bien sûr, cela devait être l'effet placebo, comme soutiendraient unanimement les SKEPP-tiques.

Je pourrais continuer sur les effets remarquables de l'homéopathie , qui ne seraient selon les cénacles de la médecine qu'un leurre. Mais je vous explique d'abord les tenants et les aboutissants de l'homéopathie.

I. SCIENCE EMPIRIQUE

Je ne veux pas raconter ici toute l'histoire de la genèse de cette médecine.
Je résume comment le Dr. Hahnemann à la fin du XVIIIème siècle prit distance de son cabinet de médecine pour se vouer à la chimie, jusqu'au jour où il découvrit par expérimentation le premier principe de l'homéopathie. Par curiosité scientifique, il prit pendant quelques jours de la quinine. Assez étrangement, par la suite, il développa des symptômes du paludisme, maladie pourtant guérie par la quinine. Le remède qui guérissait le malaria, provoqua chez lui qui se portait en bonne santé, les symptômes de la maladie.
C'était inouï. Les médicaments ont certes des effets secondaires, mais qu'ils causent chez un bien portant les symptômes de la maladie qu'ils sont supposés combattre, c'était paradoxal et surprenant.
La fièvre, des frissons, la transpiration et des angoisses sont des symptômes banaux qui peuvent se déclarer dans beaucoup d'états maladifs. Mais ils se manifestaient seulement par poussée, chaque fois que Hahnemann avait pris une dose de quinine. Un autre aurait écarté le phénomène comme un caprice étonnant de la nature, sans s'y attarder. Mais Hahnemann s'y intéressa, et commençait à prendre et à étudier d'autres substances : la camomille, l'arnica, la belladone, l'aconit, la pulsatille,le nux vomica, la digitale, l'opium,le plomb, l'arsenic et le mercure, des remèdes de l'arsenal pharmaceutique de l'époque. Il rechercha dans la littérature médicale des descriptions d'empoisonnement par certaines substances, qu'il utilisa à son tour pour ses épreuves de remèdes. Un nombre de médecins le rejoignaient pour expérimenter à leur tour un nombre de substances. Tous les symptômes provoqués par ces substances étaient scrupuleusement notés, non seulement les symptômes purement corporels, mais aussi les rêves et les changements d'humeur, et de conscience.

Ici se dessine une différence essentielle avec la recherche pharmaceutique classique, qui est pratiquée sur des animaux. Les animaux ne peuvent pas rapporter des impressions, des douleurs, des changements d'humeur ou des hallucinations. Ce sont pourtant souvent ces données subjectives qui dirigent le médecin vers la prescription d'un remède homéopathique. Cette médecine tient compte de la totalité de l'être humain. Je donne un exemple : une dame d' une cinquantaine d'années me consulta pour dépression. Elle avait renvoyé quelques mois auparavant son amant, un homme marié, qui ne la fréquentait que quand cela lui convenait.

Quoiqu'elle l'avait congédié elle-même, elle n'arrivait pas à surmonter la séparation. Elle pleurait jour et nuit, aussi dans mon cabinet, et se rendait compte qu'en étalant largement son chagrin, elle agaçait sa fille. Bien sûr, je ne pouvais pas lui rendre son amant. Mais j'essayais de diminuer sa peine. Les deux premiers remèdes ne changeaient pas grand-chose. Alors je me concentrai sur ses états d'âme et retins les symptômes suivants :

- inconsolable
- suicidaire, mais n'a pas le courage de porter atteinte à soi-même.

Un des seuls remèdes qui présente ces deux caractéristiques est China (la quinine citée ci-dessus). Une dose de China a en effet transformé cette femme : les idées suicidaires et les pleurs disparurent et elle retrouva l'énergie pour faire face à la vie. Quelques années ont passé. Elle est encore seule, mais se porte bien et n'est pas dépressive.

Les remèdes que Hahnemann et ses collaborateurs avaient testé sur eux-mêmes, étaient ensuite administrés à des patients qui présentaient le même tableau de symptômes que celui qu'ils avaient provoqué chez eux-mêmes. Les résultats furent spectaculaires et l'homéopathie était lancée.

DILUTIONS

Le premier principe de l'homéopathie est la similitude de la maladie et du remède. Le deuxième principe est la dilution et la dynamisation. Il était logique que Hahnemann dilue les substances qu'il essayait sur lui-même parce qu'un nombre de celles-ci étaient des poisons. En les diluant, leur nocivité diminuait, mais aussi leur efficacité. Hahnemann trouva la solution dans l'application d'une dynamisation. Le remède secoué énergiquement à chaque dilution ne perdait pas son efficacité, tout au contraire. Hahnemann découvrit à son étonnement, et nous avec lui, que le pouvoir curatif augmente dans la mesure où un remède est plus dilué et dynamisé. La plupart des expérimentations de Hahnemann et de ses collaborateurs ont été effectuées avec des dilutions de C 30, cela veut dire des remèdes dilués trente fois au centième. Cela signifie qu'ils ne contenaient plus aucune molécule de la substance originale.

Aujourd'hui encore, des homéopathes classiques utilisent des dilutions de C 30 , C 200 et plus. Ce qui explique la résistance des tenants de la science. Si les remèdes homéopathiques marchent- et leur efficacité a été démontrée scientifiquement, comme nous allons le voir plus loin- alors, il faudrait mettre en question les principes de base de la physique et de la chimie. Mais il est très difficile de changer des vieilles façons bien ancrées de pensée.

Les hommes, même des scientifiques, ont une graine conservatrice. Ils s'accrochent à des lois universelles. Nous avons besoin de points de repère. La loi physique dit qu'il faut une quantité minimale d'une substance pour qu'elle exerce une influence sur un organisme. Cette quantité n'y est souvent pas en homéopathie. Donc, la science conclut que l'homéopathie, par définition, ne peut pas fonctionner. Si les homéopathes produisent des guérisons, ces résultats doivent être considérés comme des regrettables accidents de parcours.

Les professeurs et leurs émules continuent à décrier ces succès. D'abord, ils nient qu'il y ait une guérison, ou bien qu'il y avait une maladie. Si ni la maladie, ni la guérison ne peuvent être contestées, ils font appel à l'effet placebo.

Mais peut-on appeler scientifique la méthode qui consiste à nier des faits parce qu'ils ne peuvent être expliqués par les paradigmes fondateurs de la science ? Non. La vraie science est basée sur les faits, sur la nature. Pour expliquer la réalité, un nombre de « lois de la nature » ont été développées, par exemple la loi de la gravité. Mais parfois il semble que les lois mènent leurs propres vies et deviennent plus importantes que les faits eux-mêmes. Dans les écoles et les universités, les lois sont enseignées et examinées. Les faits qui par hasard ne correspondent pas avec la science, ne sont soit pas remarqués (ce que tu ne veux pas voir, tu ne le vois pas), soit ignorés, ou bien, ce qui arrive le plus souvent, simplement niés. Ce qui selon la loi ne peut exister, n'existe pas.

Néanmoins nous savons que la science évolue. Une certaine humilité s'impose. Ce qui ne pouvait être expliqué hier, peut l'être aujourd'hui ; et ce qui est encore énigmatique aujourd'hui, trouvera peut-être explication demain. Qui, avant Pasteur, aurait imaginé que beaucoup de maladies sont causées par des bactéries et des virus ? Qui s'imaginait que notre corps est porteur de milliards de bactéries ? Qui, au dix-neuvième siècle, aurait pensé qu'il serait possible de lire l'activité du coeur ou du cerveau dans des électro- ou des encéphalogrammes ? Qui se serait imaginé toute la batterie d'imagerie médicale actuelle ? Qui savait que la matière est composée d'atomes, d'électrons et de neutrons ?

L'histoire de la science montre que des nouvelles notions ne font leur chemin que très lentement, vu que les vieux paradigmes ont la vie dure. Copernic, qui prônait que la Terre tourne autour du Soleil, était diabolisé et brûlé vif sur instigation de l'Inquisition ; Galileï, qui épousait un siècle plus tard les thèses de Copernic, dut se défendre et même se rétracter devant la même Inquisition ; Semmelweiss, qui défendait la désinfection et la stérilité dans les accouchements pour éviter la fièvre puerpérale qui tuait beaucoup de femmes, fut méprisé par ses confrères de son vivant.

Parce que l'homéopathie met en question un paradigme fondateur de la science moderne, elle n'a pas accès aux cénacles de la communauté scientifique. Le tsunami de preuves qu'il faudrait pour faire basculer la citadelle académique n'a pas encore été livré.

ONDES ELECTROMAGNETIQUES

Comment un remède qui ne contient pas de molécule, pourrait-il être efficace ? Un début de solution nous est livré par la science elle-même. Nous sommes dans notre monde envahi par une multitude d'ondes et de champs électromagnétiques, produits par la radio, la télé, le téléphone, le GPS, les écrans d'ordinateurs, le wifi, le câble, le micro-ondes, différents autres appareils électriques et les appareils d'imagerie médicale. Le fait que nous ne voyons ou ne sentons pas ces ondes, ne veut pas dire qu'elles ne sont pas là : elles transmettent une information. Le mécanisme d'action de l'homéopathie pourrait également être interprété en fonction d'ondes électromagnétiques qui portent un signal. Tout comme une batterie est porteuse d'une invisible électricité, le remède homéopathique est porteur d'une invisible information, résultat de sa signature électromagnétique. Chaque substance, qu'elle soit minérale, ou vivante, comme une plante, un animal ou un homme, représente une concentration d'énergie. Des extractions directes de ces substances n'exerceront qu'une influence limitée sur un être malade. Mais des manipulations des unités les plus réduites de la matière peuvent libérer une information essentielle.

Hahnemann découvrit par sa méthode de dilution et de dynamisation la voie pour libérer de manière douce cette information des substances naturelles, et pour la transférer par l'intermédiaire de granules homéopathiques au patient.

Il n'y a dans ces granules peut-être plus aucune molécule, mais il y a autre chose qui les active : la signature électromagnétique de la substance originale. Une étude Mexicaine de 1991 a démontré que des remèdes homéopathiques extrêmement dilués présentent encore une fluorescence.

II. MEDECINE ENERGETIQUE

Qu’est-ce qui provoque la maladie ? Le schéma classique indique que les virus, les bactéries, une nutrition pas adaptée, fumer, des mauvaises gènes, et des nuisances environnementales, sont autant de facteurs de troubles. Celui qui fume signe un contrat pour raccourcir sa vie d’au moins dix ans. Mais nous connaissons aussi des cas de fumeurs invétérés qui ont vécu plus longtemps que d’autres qui ne fumaient pas. Qui ne connaît pas l’histoire de solides gaillards qui fumaient et qui ont quand même vécu quatre-vingt ans ou plus ? La femme qui détient le record de la durée de le vie à 122 ans, Jeanne Calment, fumait selon certains témoignages 15 cigarettes par jour. Et si les virus rendent malade, pourquoi tout un chacun n’est il pas atteint pendant une épidémie de grippe ? Pourquoi la peste au Moyen Âge emportait-elle un tiers de la population et pas les deux tiers ? Médecins et infirmières, ainsi que d’autres professionnels de la santé, exposés tous les jours à nombre d’ infections, ne sont pour autant pas plus affectés par la maladie que le reste de la population. Par contre, il y a des gens qui ne boivent et ne fument pas, qui surveillent leur nutrition, font de l’exercice physique, prennent des suppléments alimentaires, et qui néanmoins tombent malades et même développent des cancers. Comment expliquer cela?

Aucun médecin ne niera que devant la maladie, quels que soient les agents pathogènes extérieurs, l’immunité du patient joue un rôle crucial. La maladie ne se manifestera que quand l’équilibre de l’organisme est dérangé et que les défenses naturelles sont atteintes. Vous attraperez plus facilement un rhume, une grippe ou une angine quand vous vous êtes épuisé. Le surmenage et le manque de sommeil ouvrent la voie à la maladie. Dans ce cas, une cure de repos sera la meilleure voie vers une guérison. Mais à part la fatigue, beaucoup d'états d'âme peuvent désarçonner une personne. Le chagrin, la peur, l'indignation, la colère, la frustration sexuelle, et le harcèlement par un chef de service, un collègue ou un conjoint, sont autant de facteurs qui peuvent rendre malade. Il y a des années, l'épouse d'un cousin de quarante-huit ans le quittait pour un autre homme. La vie de mon cousin s'écroula. C'était un vrai athlète, qui courait plus vite que moi. Mais quelques mois plus tard, un cancer fut diagnostiqué chez lui. Les consultations et les thérapies chez les meilleurs médecins du monde étaient peine perdue. Deux ans plus tard il était mort. Le chagrin l'avait tué.

Non seulement le cancer, mais beaucoup d'autres maladies peuvent être la conséquence d'un choc mental. Ne serait-il pas normal alors de rechercher la guérison dans le domaine spirituel plutôt que matériel ? Mon cousin malheureux tomba malade et disparut, avant que je ne devienne médecin, mais peut-être un remède homéopathique pour son chagrin, administré avant que la maladie ne s'annonce, aurait pu le sauver. L'homéopathie est une médecine intégrale, qui agit sur la totalité de l'être humain, aussi bien corporel, mental que spirituel. C'est une des raisons pour laquelle le mécanisme de son action est difficile à démontrer. Il est complexe de décortiquer l'esprit d'une personne. Où réside l'essence d'un être humain ?

LA FORCE VITALE

L'homme est constitué de cellules. Et dans chacune de ces cellules se trouvent les mêmes chromosomes avec le même ADN, dans lequel, comme support de l'information génétique, tout le destin de l'homme est programmé. Cet ADN est composé de deux chaînes de nucléotides, roulés en hélix. Pour tout un chacun l'ordre des nucléotides dans l'ADN est différent : c'est le code génétique. La fécondation de l'ovule féminin par le spermatozoïde mâle donne la première cellule vivante de laquelle toutes les autres se développeront. Deux cellules vivantes reproductrices suffisent pour la création d'une nouvelle vie.

De la vie, la vie est née. OK. Mais qu'est-ce qui fait la différence entre un être vivant et un cadavre ? Tous les éléments constitutifs comme l'ADN, le sang, les organes, sont encore présents dans le corps d'un mort. Seulement le coeur ne bat plus et la respiration est arrêtée. Le mort a poussé son dernier souffle et l'âme n'y est plus. Bientôt le corps commence à pourrir et il ne reste rien de cette ingénieuse construction animée qu'est l'homme. La force dynamique qui organisait la vie n'y est plus. Cette force, par Hahnemann appelée force vitale, joue un rôle central en homéopathie.

Mais où siège cette force, où est la différence entre vie et mort ? Où précisément dans l'ADN se trouve l'esprit, où siège le moteur qui anime le corps et l'esprit ? Provisoirement, la science n'en a pas livré la réponse. Aucune dissection ne nous a livré le substrat de la force vitale. Il est vrai que d'autres forces aussi ne nous sont révélées que par leurs effets : ainsi par exemple la gravité, le magnétisme ou l'électricité. Nous ne connaissons ces forces que par ce qu'elles engendrent.

Un homme normal, en bonne santé, n'est pas conscient de la force vitale. Si tout va bien, il n'est pas conscient du fonctionnement de son corps et son esprit. Seulement en cas de problèmes, par exemple douleurs, vertiges, crampes, nausées, palpitations de coeur, angoisses ou dépression, il commence à faire attention à son corps. Les symptômes spécifiques d'une maladie vont presque toujours de pair avec un état général mauvais, une faiblesse générale, et souvent une grande fatigue et un manque d'énergie. Que ce soit une grippe, une angine, du rhumatisme, des lombalgies, des maux de tête ou d'estomac, une dépression ou le cancer, la maladie est toujours accompagnée d'une atteinte de la force vitale. Fumer, une nourriture malsaine, des poisons et des gaz dangereux peuvent rendre malade. Mais ils le font précisément en minant la force vitale.

Le concept peut-être vétuste, pour certains, de force vitale a été remplacé par la science par le terme plus contemporain d'immunologie. Un stress psychologique (chagrin) ou toxicologique (de la fumée ou des pesticides) peut provoquer une réaction physiologique dans le corps : une production augmentée d'adrénaline ou de cortisone, une dilatation des vaisseaux. Sur chaque cellule il y a des dizaines de récepteurs qui peuvent répondre à une situation de stress. L' homéopathie peut jouer un rôle en modulant la réponse immunitaire à un stress.

Mais la force vitale est plus qu'une défense immunitaire. C'est aussi une force spirituelle qui garde tous les aspects de l'être humain dans un équilibre harmonique. La santé peut être définie comme une liberté : liberté aux trois niveaux de l'existence humaine. Au niveau corporel la santé signifie liberté de douleurs et un bien-être général. Au niveau des émotions, c'est la liberté pour éprouver la pleine amplitude des émotions sans en devenir le prisonnier ou l'esclave. Au niveau spirituel la santé signifie clarté d'esprit, une bonne mémoire, de la quiétude et du calme intérieur. Libéré de soucis corporels et spirituels, l'esprit peut alors, comme le disait Hahnemann, « s'occuper des aspirations plus élevées de notre existence ».

CLEFS POUR UNE GUERISON

L'homéopathe ne traite pas une maladie, mais une personne malade ; chaque personne est différente et doit être traitée de manière différente. En effet, la force vitale atteinte fait remonter des symptômes étranges qui peuvent varier d'une personne à l'autre avec la même maladie. Une septuagénaire me consultait parce qu'elle désespérait de la vie et pensait chaque jour à se suicider. Elle ne s'était jamais mariée et ses parents et son frère étaient morts quand elle avait 54 ans. Elle se trouvait toute seule et la vie n'avait plus aucun sens pour elle. J'écoutai son histoire et posai les questions habituelles. A la fin de la consultation, je fis la remarque : « Vous avez des grandes poches sous les yeux. » Ce n'était bien sûr pas un compliment, mais le médecin ne doit pas flatter, il doit tout observer. Et heureusement je lui fis part de ma constatation, parce qu'elle m'apporta la clef pour sa guérison :

« Mais oui » répondit-elle , « et étrangement je transpire précisément sous les yeux. »

Fantastique, pensai-je, parce que c'était exactement le genre d'information précieuse que l'homéopathe recherche et ne trouve que trop rarement. Je consultai mes livres et trouvai un remède qui avait développé ce symptôme dans l'épreuve médicamenteuse: Conium Maculatum. De plus, je savais que Conium est le remède par excellence pour des affections dues à la frustration sexuelle, un remède pour des prêtres et des vieilles filles ou pour des personnes qui ont perdu leur partenaire. Ma patiente n'avait jamais eu de partenaire. Le jour même où elle prit ce remède, me raconta-t-elle plus tard, elle se sentit déjà mieux, elle eut envie de sortir et de faire une promenade. D'un jour à l'autre les idées suicidaires se volatilisèrent. Elle se sentit ressuscitée. Une an plus tard, elle vint encore me remercier pour le grand changement que j'avais opéré chez elle. J'avais trouvé le bon remède parce que j'avais découvert qu'elle transpirait sous les yeux.

Un homme de vingt-huit ans me consulta pour des maux de tête et parce qu'il avait peur de se conduire violemment avec sa femme, et craignait même la tuer dans un accès de colère. Assez étrangement il avait une zone froide derrière l'oreille droite. Cette constatation me dirigea vers le remède Formica Rufa (extrait de fourmis), qui guérit cet homme de ses maux de tête ainsi que de son agressivité.

La manière dont une maladie s'exprime, est différente d'une personne à l'autre. Les personnes qui souffrent de l'estomac doivent éviter l'alcool, le tabac, les sucreries, et surtout le café. Une vieille tante avait subi plusieurs opérations de l'estomac, sans aucun effet toutefois, parce que les douleurs continuaient même sous médicaments à la tourmenter. Elle ne supportait pratiquement aucune forme de nourriture -mais oh surprise ! -le café ne la dérangeait pas. Tout au contraire, le café lui faisait du bien et elle en buvait régulièrement pendant la journée. Paradoxal !

Les réactions individuelles des patients à leur maladie expliquent que l'homéopathe ne traite pas une maladie, mais un individu malade. Les différentes manifestations de la douleur, l'heure à laquelle les symptômes se manifestent, les facteurs qui les aggravent ou améliorent, tout cela est important et sera pris en considération. Les épreuves médicamenteuses avec plus de 1500 remèdes homéopathiques ont livré un trésor d'information sur les multiples façons dont la maladie peut se manifester. Cette information est enregistrée dans d'énormes volumes. Dans ces matières médicales, toutes les réactions des différents expérimentateurs à chaque remède sont énumérées. Par contre, dans des répertoires, l'information sera classée par symptôme.

Les gens parfois me demandent: peux- tu peux me donner un remède contre la toux, ou le mal de dos, ou le rhume des foins ou une autre affection. Je dois les décevoir, parce que des remèdes contre la toux ou le mal de dos n'existent pas en homéopathie: il y a seulement des remèdes pour certains malades qui toussent ou qui ont mal au dos. Dans le répertoire le plus utilisé et le plus complet, il y a trente-trois pages pour les différentes formes et modalités de la toux et les remèdes qui peuvent être utilisés. Pour le symptôme toux la nuit, pas moins de 150 remèdes sont cités. Il n'est donc pas facile et même pas possible de prescrire une recette homéopathique contre la toux.

Que ce soit pour une petite ou pour une grande affection, l'homéopathe a intérêt à connaître son patient le mieux possible. Pour savoir lequel des 150 remèdes pour la toux peut être appliqué, il posera des questions telles que : le patient est il frileux ou pas, transpire-t-il et si oui, où sur le corps ; a-t-il soif, qu'est-ce qu'il aime manger, est-ce que la toux s'améliore en buvant ou en mangeant, en étant couché ou plutôt en étant debout ; quand ses attaques de toux surviennent-elles ? Etc.

MAUX DE TETE

Des patients avec la même maladie auront souvent besoin d'un autre remède et des patients avec les mêmes caractéristiques mais une maladie différente seront peut-être aidés par le même remède. Je peux illustrer ceci avec mon devoir de fin d'études d'un cours d'homéopathie. En fait, j'y citais dix cas de maux de tête que j'avais guéris avec huit remèdes différents. Je les énumère ici, en expliquant pourquoi je donnais tel ou tel remède plutôt qu'un autre.

La première était une femme d'une quarantaine qui souffrait de sévères attaques de migraine depuis sa jeunesse. Le remède qui la guérissait était Rhus Toxicodendrum, parce ses maux étaient aggravés par un changement de temps, par le froid et la climatisation.
La deuxième, une infirmière, ressentait un bandeau autour de la tête, ne supportait pas la lumière, et se rendait le mal de tête supportable en se couchant et en appliquant un gant de toilette froid sur sa tête. Elle guérissait avec de la Belladonne.
Le troisième, un directeur de banque de 39 ans, présentait à côté du mal de tête, de la gastrite, des nausées et un peu d'eczéma. Parce qu'il était très pressé, impatient et irritable, je lui ai donné du Nux Vomica. Le résultat : les maux de tête, l'eczéma et la gastrite disparurent.
La quatrième, une femme au foyer de 38 ans, avait développé un mal de tête après que ses parents et sa sœur l'aient mise à la porte. Parce que le chagrin était à l'origine de son mal, elle guérit avec de l'Ignatia .
Le cinquième, un employé de 38 ans, se plaignait de maux de tête, perte d'audition, une pression sur l'oreille droite et un nez bouché. Parce que le nez et le mal de tête s'amélioraient en plein air, parce qu'il avait des lèvres très rouges et restait assis affaissé sur sa chaise, je lui donnai du Sulfur. Après

quelques mois ses plaintes avaient disparu.
La sixième, une infirmière de trente ans, souffrait depuis le début de ses études de maux de tête intenses presque journaliers. La douleur se manifestait de manière soudaine et était accompagnée de chaleur et de rougeur dans le visage. Je lui donnai de la Belladonne. La douleur s'aggrava pendant une semaine, et disparut par la suite, avec l'aide de quelques reprises du remède.
La septième, une fille de vingt ans, consulta pour une migraine, de la sinusite, de l'eczéma et le rhume des foins. Parce qu'elle se plaignait d' avoir des yeux faibles, et présentait des vésicules entre les doigts, je pensai à Ruta. Une dose de ce remède la débarrassa de ses problèmes pendant deux ans : plus de maux de tête, plus d'eczéma, plus de sinusite.
Le huitième était employé aux chemins de fer. Il cherchait mon aide pour de la dépression, des vertiges, de l'hyperventilation, différentes douleurs et une lourdeur des yeux. Du Sulfur ne l'aida pas, et à une deuxième consultation il me parla aussi de maux de tête. La douleur changeait de localisation, se limitait à une petite zone et apparaissait et disparaissait de manière soudaine, assez d'arguments pour lui donner du Kali Bichromicum. Quatre mois plus tard, pratiquement tous ses symptômes avaient disparu.
La neuvième, une prof de math de trente ans, venait de subir vingt séances d' injections de procaïne, sans aucun résultat. Elle était assez frileuse, très irritable, et témoignait d'un penchant pour les aliments gras. Avec du Nux Vomica ses maux de tête se dissolvaient.
La dixième était la gérante d'une boutique. Elle vomissait lors d'une crise de migraine, et devait aussi uriner plus souvent pendant son mal de tête. Elle détestait le lait. Avec seulement trois doses de Lac Defloratum, cette dame n'a plus eu que trois crises en trois ans.

III. LA CONSULTATION HOMEOPATHIQUE

L'homéopathe peut retirer des informations utiles de chaque forme de contact avec son patient. Le premier coup de téléphone du patient qui demande un rendez-vous, peut déjà donner des indications, par exemple s'il est impatient, méfiant ou timide ; et quand il arrive au cabinet, arrive-t-il en avance ou en retard ? La façon par laquelle quelqu'un entre peut être révélatrice : est-il trop poli, se cache-t-il ? Est-il nonchalant, jovial, attachant ? Prend-il beaucoup de place ou le contraire ? Comment s'assied-t-il, s'appuie-t-il avec ses bras sur ton bureau ou reste-t-il en arrière contre le dos de sa chaise? Et bien sûr, de quoi a-t-il l'air ? Le visage et les yeux sont le miroir de l'âme. Quand quelqu'un entre dans mon cabinet, j'ai parfois déjà une idée sur le remède qui pourrait lui convenir, et cela arrive que je me tienne à ma première idée, indépendamment de ce qui se révèle pendant la longue consultation. Les grands remèdes homéopathiques correspondent à certains types de personnalités. Ainsi certains homéopathes s'amusent entre eux à coller une étiquette homéopathique sur des personnages célèbres.

LA CONSULTATION

Comme chaque médecin, l' homéopathe écoute attentivement l'histoire du patient. Quelqu'un avec des verrues ou de l'acné a vite terminé, d'autres présentent une longue litanie de symptômes et de plaintes. Certains sont taciturnes, d'autres inondent le médecin sous un torrent de paroles. Première règle : l'homéopathe écoute et n'interrompt pas son patient. Seulement quand celui-ci a terminé son discours, il faut poser quelques questions. L' homéopathe aimerait savoir quelles sont les modalités des symptômes, c'est-à-dire quelles circonstances les améliorent ou les aggravent ; il veut connaître l'origine de la maladie, et quels évènements ont influencé la vie du patient.

Combien de fois n'ai je pas entendu que cette vie a pris un mauvais tournant après une séparation douloureuse et les tribulations qui l'ont précédée. Ou bien le patient a-t-il perdu sa voie depuis le décès du partenaire ? Chez un couple âgé, le décès de l'un provoquera souvent le décès de l'autre. Aussi une grande peur, des bombardements ou un tremblement de terre peuvent rendre malade. D'autres raconteront qu'ils ont perdu la forme depuis une opération ou un accouchement difficile. Une opération exerce une violence sur le patient à plusieurs niveaux : d'abord par l'anesthésie lourde, puis par l'incision du corps et la manipulation d'organes internes ; sans oublier qu' il peut y avoir une grande perte de sang. Une patiente avait subi une prétendue légère intervention gynécologique, mais avait perdu beaucoup de sang à cette occasion. Depuis lors, elle se sentait très mal, malade et épuisée. Le symptôme perte de sang me mettait sur la trace de China, qui la rétablit rapidement. D'autres sont déstabilisés depuis un traitement avec des produits amaigrissants ou de la cortisone. Même une banale grippe ou angine peut entraîner un cortège de complications.

La question de l'origine de la maladie ne trouve pas toujours facilement réponse. Souvent le patient ne voit aucune cause de son calvaire. On peut dire que les problèmes de mal de dos, de rhumatismes, et d'arthrose, sont dus à l'usure et au vieillissement. Mais certains patients sans plaintes montrent des lésions du cartilage sur les RX tandis que d'autres avec des radiographies relativement intactes se plaignent de douleurs intenses. Il est évident que les charges de la vie influencent le fonctionnement corporel ou psychique d'une personne.

« En avoir le coeur plein, avoir le coeur brisé, en avoir gros sur le coeur, cela me crève le coeur, j'ai un pincement au coeur, cela me reste sur l'estomac, avoir l'estomac noué, en avoir plein le dos, avoir bon dos, avoir les jambes en coton, en prendre plein les gencives, avoir la peau dure. » Les expressions de notre langage montrent comment une détresse psychique se traduit par un malaise corporel, qui sera différent d'une personne à l'autre. Chez les uns le dos sera impliqué, chez d'autres la tête, la nuque, l'estomac, la peau ou la vessie. En tout cas, celui qui mentionne une douleur quelconque, indiquera invariablement comme facteurs aggravants des situations de stress : des disputes entre époux, des conflits avec des supérieurs, des tensions au travail, des humiliations, du chagrin etc.

SENSATIONS ETRANGES

L'homéopathe essaie de saisir ce qui est particulier chez son patient. Celui-ci doit expliciter au possible ses symptômes ; tout autant doit-il mentionner des sensations anormales, même si celles-ci sont sans rapport avec sa maladie. Des sensations étranges auxquelles le médecin allopathe n'attache pas d'importance, sont précisément d'une extrême importance chez l'homéopathe. Combien de fois n'ai-je pas entendu de la part de patients, qu'ils ne doivent pas parler de certaines facettes de leur ressenti de maladie chez leur médecin. Ils sont tellement endoctrinés par l'approche et la terminologie de la médecine régulière, qu'ils perdent de vue et oublient de mentionner les petits détails et les manifestations étranges de leur maladie. Il est donc très important que le patient apprenne à s'observer lui-même.

Pour l'homéopathe, rien n'est négligeable : « Mon nez coule quand je mange, je transpire avant d'aller à la selle, » Voici le genre de symptômes que le patient ne trouve pas important, ou que même il oublie, parce qu'ils sont devenus une deuxième nature. Aussi les impressions sont importantes. « J'ai l'impression que mon coeur bouge dans ma cage thoracique », me raconta un patient. Je tendis l'oreille. « Comme s'il pendait à un fil », demandai-je. « Oui », répondit-il. Un homéopathe français âgé m'avait raconté un cas semblable dix années plus tôt. J'en avais pris bonne note et je savais que mon patient avait besoin de Kali Carbonicum, qui lui fut bénéfique.

Une femme avait l'impression d'avoir le coeur trop large, trop lourd. Je lui donnai Ovi Gallinae Pellicula. Résultat : ses arythmies et une palpitation dans l'oreille droite disparurent. De plus elle se sentit plus calme et moins irritable. Elle me raconta qu'elle se sentait comme ressuscitée. Cette dame, depuis des années ma patiente, s'était portée bien pendant longtemps avec du Calcarea Carbonica. Qu'est-ce Ovi Gallinae Pellicula ? Rien d'autre que de la coque d'oeuf, qui est aussi une forme de calcaire.

MODALITES

Les circonstances qui améliorent ou aggravent une douleur sont de grande importance. Le mal de tête va-t-il mieux en restant assis, en étant couché ou en marchant ? En étant couché bien sûr, présumera-t-on. Cela peut être vrai pour la plupart des souffrants, mais l'inverse peut se produire aussi. A ma question de savoir ce qu'il faisait pendant une attaque de migraine, un homme me raconta qu'il courait ou qu'il sautait sur place. C'était sa seule façon de maîtriser la rage de douleur. Avec du Rhus Toxicodendron je l'ai guéri. Chez d'autres le moindre mouvement peut produire un sursaut de douleur ou de nausées. Ces personnes recherchent une paix absolue, et ne veulent même pas parler, parce que pour parler il faut ouvrir la bouche. Tourner la tête ou simplement bouger les yeux peut provoquer chez certains un accès de douleur. Dans ce cas il y a fort à parier qu'ils seront aidés avec du Bryonia.

Il est bien connu que des rhumatisants souffrent plus de courants d'air, d'un temps humide ou de changements de temps. Combien de patients ne m'ont pas raconté qu'ils se portent mieux quand ils passent quelques semaines ou des mois dans le Midi ou en Espagne. Mais chez d'autres les douleurs ne sont pas influencées par le temps, certains se portent même mieux par temps humide.

Aussi la position que prend le patient pendant la douleur peut livrer une indication pour le traitement. Est-ce que l'estomac va mieux en s'inclinant vers l'arrière ? Dans ce cas nous pouvons penser à du Dioscorea. Le patient se plie en deux quand il souffre de douleurs abdominales ? Du Colocynthis peut l'aider. L' asthmatique est assis plié en deux avec la tête sur les genoux ? Donnez-lui du Kali Carbonicum. Un autre asthmatique se met sur les genoux et se couche en avant sur les coudes. Ceci est une position typique de Medorrhinum, que nous retrouvons comme position de sommeil chez des enfants qui ont besoin de ce remède.

L'heure des plaintes est une autre modalité importante. Mon patient souffrait de mal à l'estomac à une heure du matin. Arsenicum Album le guérit. De l'asthme à cinq heures du matin ? Cela ressemble à du Natrum Sulphuricum. Un mal de tête qui commence à dix heures du matin ? Cela fait penser à du Natrum Muriaticum.

Différentes fonctions corporelles peuvent influencer un symptôme. Une femme subissait des crises d'angoisse qui étaient accompagnées de blocages de respiration. Etrangement elle respirait mieux et pouvait se défaire de la crise si elle réussissait à bailler. Avec du Crocus Sativus elle se sentait beaucoup mieux. Un patient me raconte qu'il a moins de crises d'asthme s'il a les selles régulières. Du Pothos Foetidus améliore sensiblement sa maladie. Beaucoup de gens se portent mieux après le repas, alors que d'autres ressentent le contraire. Boire du chaud ou du froid peut avoir une influence positive ou négative sur l'angine ou sur la toux. C'est selon le cas. Le patient doit s'observer soi-même.

Les circonstances qui accompagnent un symptôme doivent aussi être prises en considération. Quand vous avez une migraine, qu'est ce qui se passe ailleurs dans le corps ? Beaucoup de gens auront des nausées, d'autres une vision perturbée, des symptômes assez banaux. Mais plusieurs patients me racontaient qu'ils urinaient plus fréquemment pendant le mal de tête. Lac

Defloratum apporta la solution. D'autres encore frissonnent quand ils ont mal, ou bien ils perdent connaissance. Hepar Sulfur peut aider ces derniers.

MENSTRUATION

Toutes les manifestations étranges pendant des règles intéressent l'homéopathe. J'avais ce matin une patiente dépressive chez qui les saignements n'avaient commencé qu'à sa vingtième année. Voilà une indication sur le remède que je dus prescrire. Y a-t-il une grande perte de sang, quelle est la couleur du sang, est-ce qu'il y a des caillots ? Les seins gonflent-ils avant les règles, sont-ils douloureux à ce moment ? Si la réponse est positive, quelques remèdes sont indiqués, entre autres Tuberculinum et Conium. Il y a des femmes qui sont irritables ou qui pleurent pour un rien avant les règles. Certains symptômes peuvent s'améliorer ou précisément s'aggraver pendant la menstruation. Beaucoup de femmes auront des maux de tête, d'autres des boutons. Aussi les pertes blanches dans la période entre les règles, sont une indication intéressante, qui fait penser à Sepia.

PREFERENCES DE NOURRITURE

Une préférence ou un dégoût marqué pour certains aliments peut aussi inspirer l'homéopathe. Etre friand de biscuits, de tarte ou de chocolat n'est pas très original, mais une aversion de sucreries peut être prise en considération. Assez remarquable est la préférence pour de l'acide, et même du vinaigre, chez certaines personnes. Un confrère guérissait quelqu'un avec du Cubeba parce qu'il adorait des noix. Il y a des enfants qui aiment manger des pommes de terre crues. D'autres mâchent tout ce qui n'est en principe pas comestible, même du sable, auquel cas nous pensons à Tarentula. Quelqu'un qui aime des boissons amères, pourrait avoir besoin de Natrum Muriaticum.

Aussi les intolérances nutritionnelles jouent un rôle. Beaucoup de gens ne supportent pas les oignons ou les choux. Plus étrange et donc plus pertinent est une intolérance pour des pommes, des poires ou même des bananes. L'année passée j'avais un patient qui souffrait depuis longtemps d'une dépression. Il ne supportait même pas l'odeur du vinaigre. Cela indiquait Agaricus, ce qui guérit sa déprime.

REVES

Les rêves véhiculent des mensonges, avons-nous appris. Mais non, tout au contraire, les rêves nous révèlent ce qui vit profondément en nous. Ils apportent de l'information précieuse pour l'homéopathe. Malheureusement la plupart des gens restent bouche bée devant ma question de ce qu'ils rêvent. Ils ne rêvent pas, disent-ils, c'est-à-dire qu'ils ont oublié ce qu'ils rêvent. Dommage. Celui qui s'occupe intensément de son vécu de rêves, se les rappellera plus facilement. Il acquerra une meilleure connaissance de lui-même et construira peut-être même une vie plus harmonieuse . Celui qui est malade, trouvera des indications pour sa guérison. Un manager de 48 ans me consulta pour un rhume des foins, dont il souffrait depuis ses 18 ans. Ses rêves m'indiquèrent le remède qui le guérit vite et définitivement ; des rêves de chevaux et des rêves qu'il volait, tous les deux typiques pour Atropinum. Cet homme avait déjà été opéré d'un glaucome, ce qui se conjugue aussi avec ce remède. Une femme rêvait de grandes araignées. Du Cinnabaris la guérit de sa migraine.

IV LA SCIENCE

Combien d'études en double aveugle faut-il pour prouver que l'homéopathie est efficace ? Est-ce que les résultats peuvent seulement convaincre s'il y a un mode d'action plausible ? Cher lecteur, accrochez-vous, parce que nous continuons avec du sérieux. Celui qui s'intéresse à l'état actuel de la recherche scientifique en matière d'homéopathie est prié de continuer la lecture, les autres peuvent sauter ce chapitre.

Pour les scientifiques, l'homéopathie reste une médecine placebo, parce que la science ne peut et ne veut pas accorder de la crédibilité à une médecine qui traite des malades avec des granules qui ne contiennent même pas une molécule du remède utilisé. En effet, tel est le cas avec les dilutions qui dépassent C ou K 12, et donc forcément avec les dilutions 30, 200 ou plus, couramment utilisées par les homéopathes classiques. Ces dilutions vont à l'encontre du sacro-saint principe de l'effet-dose qui veut que l'effet du remède dépend de la dose utilisée, et qu'on ne peut attendre un effet si la dose est nulle.

Pour se défaire de cet anathème toujours répété de placebo, qui doit leur clouer le bec et les ridiculiser, les homéopathes et les scientifiques sympathiques à leur cause, apportent depuis cinquante ans des preuves que les hautes dilutions sont en mesure de générer un effet biologique. C'est la recherche de base, à distinguer de la recherche clinique qui veut démontrer que les remèdes homéopathiques ont une action supérieure au placebo sur les malades.

Déjà en 1965, Netien de Lyon démontra que des petits pois traités avec du sulfate de cuivre germaient mieux, s'ils étaient ensuite traités avec du sulfate de cuivre D 30. La dilution homéopathique semblait annuler l'intoxication. De nombreuses études ont été exécutées selon ce protocole en deux étapes :

empoisonnement préalable avec un produit et administration consécutive d'une dilution homéopathique du poison.

Déjà en 1955 le professeur Lapp de l'université de Strassbourg fit une étude avec de l'arsenic. Il s'avéra que l'administration d'arsenic homéopathique entraînait l'élimination du poison du corps des animaux de laboratoire. Cette étude a depuis lors été répétée et confirmée plusieurs fois. Dans une étude belge de 1979 du professeur Roberfroid (*Annales Homéopathiques Françaises*) l'effet de hautes dilutions homéopathiques sur des rats empoisonnés était étudié. Tous les rats reçurent entre autres du phénobarbital, ce qui devait provoquer un cancer du foie. 175 rats furent traités avec une solution de phénobarbital de 9 CH (une solution avec encore 400 molécules par ml) et 153 ne reçurent rien : le groupe de contrôle. Il s' avéra que la moitié des rats traités avec du phénobarbital 9 CH ne développait pas de cancer, tandis que tous les animaux du groupe contrôle étaient atteints.

De récentes études d'une conception différente montrent que certains remèdes dilués qui ne sont pas le poison de l'intoxication originelle peuvent aussi neutraliser celle-ci. Une étude de 2015 établit que des rats intoxiqués avec du paracétamol et souffrants du foie manifestaient nettement moins de lésions avec un traitement de Lycopodium 30 CH. Toute une série d'études démontrent l'efficacité de hautes dilutions de remèdes comme agents anticancéreux. Une autre étude de 2013 montrait que du Lycopodium 5 et 15 avaient un effet destructeur sur des cellules cancéreuses.

Le journal *Homeopathy* a publié en 2009 et 2010 deux éditions spéciales sur des modèles biologiques d'homéopathie, en concluant : « Ce domaine de recherche est excitant et dynamique : il y a des progrès en terme de qualité … En ce qui concerne le critère fondamental de la reproductibilité des données, un groupe de chercheurs a constaté que 24 modèles expérimentaux avaient été reproduits, avec dans 22 cas des résultats équivalents. »

SIGNATURE ELECTROMAGNETIQUE

Les preuves s'accumulent démontrant que les hautes dilutions peuvent générer un effet biologique. Mais aussi longtemps que le mécanisme d'action n'a pas été élucidé, les homéopathes continuent à buter contre un mur d' incompréhension et de rejet dans le monde académique. Donc la recherche continue pour soulever un coin du voile. Il y a plusieurs hypothèses. Les plus importantes sont la signature électromagnétique, et la possibilité d'un changement de structure du solvant sous influence de la substance diluée, qui laisserait son empreinte dans la solution, les deux étant liées.

D'abord, chaque substance possède une signature électromagnétique spécifique, constituée d'ondes de différentes fréquences. La signature du remède homéopathique serait fondée sur une réorganisation physico-chimique du solvant dans lequel le remède est dilué, et de la matière résiduelle qu'il contient. En continuant à les diluer et à les secouer, c'est-à-dire à potentialiser ou « dynamiser »les remèdes, les nuances plus fines de leur signature électromagnétique se révéleraient. Pensons à un autre phénomène physique : la conduite de limaille de fer au-dessus d'un aimant : en tapant ou en secouant le support, les résidus de fer se dirigent selon la configuration des lignes de champs magnétiques. Peu de limaille et beaucoup de secousses donnent une meilleure représentation de ces lignes que l'utilisation de beaucoup de limaille et peu de secousses.

La solution dont les caractéristiques physiques ont été changées par la dynamisation, peut dorénavant provoquer un changement électromagnétique et un effet biologique. La validité de la théorie de la signature électromagnétique du remède a pu être constaté et confirmé par les techniques de résonance magnétique et de microscopie électronique. Elle explique un nombre d'observations chez le patient. L'administration répétée du remède adapté peut quelquefois entraîner une amélioration, et d'autres fois une aggravation. Pourquoi ? Si le patient est stimulé au bon moment et avec la bonne intensité, en supposant toujours qu'il est à la même longueur d'ondes que le remède, la résonance sera redoublée. Si par contre la stimulation tombe à un mauvais moment ou manque d'intensité, la résonance s'éteindra, un peu de la même façon que l'on peut traiter un diapason, en le stimulant avec un métal, ou en l'éteignant par une touche. Le phénomène de la résonance peut libérer une énorme énergie. Un bataillon de soldats en marche sur un pont peut faire secouer ou même s'écrouler l'ouvrage d'art. Pour cette raison les soldats sont censés ne pas marcher au pas sur le pont. Pour avoir un effet de résonance, il est important que le mouvement de l'onde soit stimulé au bon moment. Pensons aussi à la balançoire. Si nous poussons au bon moment, elle s'envole. Sinon, elle est freinée dans son mouvement. Nous pouvons nous imaginer un mécanisme équivalent dans l 'action du remède homéopathique.

LA MEMOIRE DE L'EAU

L'eau qui a été en contact avec certaines substances, conserve une empreinte de leurs propriétés, même si ces substances ne s'y trouvent plus. En juillet 1988 l'immunologue français, chercheur renommé de l'INSERM, Jacques Benveniste, publia dans la revue prestigieuse *Nature* son étude à controverse, vite connue comme celle sur La Mémoire d'Eau. Il avait conduit ses expériences avec des basophiles, qui constituent les 1 à 2 pour cent des globules blancs et qui se caractérisent par une coloration bleue. Lorsque le système immunologique découvre un allergène, par exemple du pollen,celui-ci active la production d'un certain type d'anticorps, les IgE.   Ces anticorps sont capables de se fixer sur les basophiles. Et quand ces IgE sont traités avec des anticorps anti-IgE, les basophiles libèrent le contenu de leurs granules, dont la histamine, et perdent leur coloration bleue. Cette « dégranulation » peut entraîner des réactions locales et des inflammations.

L'intérêt de l'étude de Benveniste consistait au fait qu'il utilisait des hautes dilutions de l'anticorps IgE, des dilutions dans lesquelles il ne se trouvait plus aucune molécule de cet anticorps ; et qu'avec ces dilutions il obtenait aussi une dégranulation des basophiles. L'hypothèse pour expliquer cet effet serait alors en effet une mémoire de l'eau, ou bien une action d'une autre nature que moléculaire.

Si les conclusions de Benveniste étaient justes, une base scientifique pour l'homéopathie avait été trouvée, avec comme corollaire une mise en question des bases de la physique. Mais la revue *Nature* renversa tout de suite la vapeur. Alors que cet article franchement révolutionnaire avait été soumis à une minutieuse étude avant sa publication, une commission de contre-expertise fut aussitôt envoyée à Benveniste. Cette commission était constituée par l'étrange trio composé du rédacteur en chef de Nature John Maddox, du spécialiste de fraude scientifique Walter Stewart, dont la compétence scientifique était à ce moment-là même remise en question par le lauréat du prix Nobel David Baltimore, et de l'illusionniste James Randi, comme s'il fallait démontrer que Benveniste était un fraudeur ou un magicien. Aucun des trois membres de la commission n'était immunologue. Ils arrivèrent à la conclusion que l'étude sur la mémoire de l'eau n'était pas valable. *Nature* publia une rectification et Benveniste fut discrédité. Les adversaires de l'homéopathie jubilaient.

La mémoire de l'eau était-elle enterrée? Pas du tout. Depuis la publication en 1988, d'autres chercheurs ont repris la relève. Benveniste lui-même n'abandonna pas. En 1991 il publia en 1991 dans les *Annales de l'Académie des Sciences de Paris* une étude rigoureuse qui confirma ses expériences. Mais ces *Annales* sont peu connues. Benveniste avait été tellement vilipendé, qu' aucune revue réputée ne voulait plus se risquer à le publier.

Un des problèmes de l'étude de Benveniste était soulevé dans les critiques virulentes de la revue française *Science et Vie*. La dégranulation des basophiles, prouvant l'action des dilutions homéopathiques, était mesurée par comptage lors d'un examen d'échantillons sous microscope. Benveniste avait confié ce comptage à ses collaboratrices, ce qui, selon *Science et Vie*, pouvait induire une erreur de mesure « purement humaine ». En 2001 la biologiste Marthe Ennis de la Queen's University de Belfast a reproduit l'expérience de Benveniste et publié les résultats dans la revue *Inflammation Research Journal*. Elle arriva aux mêmes résultats que le chercheur français, en utilisant un système de comptage exempt de toute intervention humaine.

Dans un livre apparu en 1994, un autre scientifique, Michel Schiff, a appelé le cas Benveniste, « cas de censure dans la science ». D'après Schiff, à ce moment-là 16 autres équipes de chercheurs avaient répété l'expérience de Benveniste, 10 avec de bons résultats, et 6 avec de mauvais résultats, ces derniers selon Schiff basés sur le principe « tout faire pour ne pas voir ». Depuis lors, un nombre d'autres publications a confirmé les travaux de Benveniste, qui lui-même, excommunié par la communauté scientifique internationale, est décédé en 2004.

Une de ces publications positives est de la main du professeur Luc Montagnier, prix Nobel en 2008 pour sa part dans la découverte du virus du SIDA. Dans la revue allemande *Interdisciplinary Science : Computational Life Sciences* il publia l'étude : « Des nanostructures aqueuses dérivées d'un ADN bactérien produisent des signaux électromagnétiques. » Il conclut que ses expériences confirmaient l'idée d'une mémoire d'eau, ainsi que les résultats d'études antérieures avec notamment la dégranulation des basophiles.

En 2017 l'équipe d'Alberto Foletti de Rome et de Lugano a de nouveau confirmé les travaux de Benveniste, en publiant dans la revue *Electromagnetic Biology and Medicine* l'article : « Transfert d'information électromagnétique dans le système aqueux ». Alors que la plupart des articles antérieurs sur la mémoire d'eau rapportèrent un transfert d'information au niveau in vitro, cette étude de Foletti commence à évaluer le potentiel clinique de cette procédure. Voici un extrait du résumé de leurs travaux :

« Les données de récentes études suggèrent que les systèmes aqueux peuvent jouer un rôle clé, en fournissant la base pour l'enregistrement, le stockage, le transfert et la récupération d'une information biologique cliniquement efficace ».

Une autre étude récente montre, étrangement, que même les hautes dilutions contiennent encore de la matière. Cette étude, publiée en 2015 dans le *International Journal of High Dilution*, examina des dilutions de 6, 30, 200, 1000, 10000 et 50000 de Ferrum Metallicum, du fer. Il se révéla que toutes ces dilutions contenaient plus ou moins de nanoparticules, que ces particules contenaient plus ou moins de fer, et que paradoxalement le plus grand pourcentage de poids de fer était trouvé dans les dilutions les plus hautes.

ESSAIS CLINIQUES

Beaucoup d'études observationnelles ont été publiées qui démontrent l'efficacité de l'homéopathie, mais la science veut des essais contrôlés randomisés (ERC). En 2003 Mathie publia une revue de 93 ERC's qui comparait l'homéopathie avec du placebo, ou un autre traitement. Dans 50 cas il trouva des effets positifs de l'homéopathie. Il y avait de l'évidence ERC reproduite que l'homéopathie est efficace pour la diarrhée d'enfant, la fibromyalgie, la grippe, l'otite, la rhinite allergique, la sinusite et les vertiges. Une étude antérieure de 1991 dans le réputé *British Medical Journal* présenta une revue de 107 essais cliniques contrôlés d'homéopathie. L'article n'était pas de la main d'homéopathes, mais d'un groupe d'épidémiologistes néerlandais. Les études étaient jugées sur leur valeur scientifique selon sept critères : le nombre de patients, une description adéquate des symptômes, du traitement et de l'effet, une randomisation, un test en double aveugle, et une

présentation des résultats qui facilite le contrôle de l'analyse par le lecteur . Des 105 articles dont les résultats pouvaient être interprétés, pas moins de 81 contenaient des résultats positifs. Dans la discussion, les auteurs affirment que des études de l'efficacité sont même possibles, quand les remèdes utilisés sont différents pour chaque patient, comme c'est le cas dans l'homéopathie classique. Ils ajoutent : « Si un traitement est efficace, il n'est pas nécessaire de connaître le mécanisme d'action ; il y a beaucoup d'exemples de la médecine conventionnelle où le mécanisme d'action n'est à peine ou pas du tout connu. Mais supposer que des substances énormément diluées aient un effet pharmacologique, signifie que des concept essentiels de la physique moderne doivent être mis en question. » Les auteurs concluent qu'ils étaient surpris par les preuves apportées, même par les meilleures études méthodologiques. « Sur la base de ces preuves nous serions disposés à accepter que l'homéopathie peut être efficace, si seulement le mécanisme d'action fût plus crédible. » Ils y ajoutent quelques réflexions philosophiques : « La façon dont les croyances des gens changent après qu'ils soient confrontés à des preuves empiriques, dépend de leur conviction antérieure et de la qualité des preuves. Des critiques qui ne croyaient pas en l'homéopathie avant qu'ils ne voient les pièces à conviction publiées ici, ne seront probablement pas encore convaincus, tandis que les personnes qui avaient un doute auront une vue plus optimiste sur la question. »
Le docteur écossais David Reilly avait démontré dans une étude double aveugle que des dilutions homéopathiques de pollen donnent une meilleure réponse clinique que du placebo. Reilly a pu reproduire ses bons résultats. Dans une étude double aveugle de Brigo, 30 patients avec des maux de tête recevaient l'un des huit remèdes homéopathiques, tandis que 30 autres recevaient un placebo. Après quatre mois les patient traités par homéopathie se portaient nettement mieux.

Mais comme les auteurs se demandent : » Combien d'études faudra-t-il encore pour tirer des conclusions définitives ? Les preuves apportées ici suffiraient peut-être pour reconnaître l'homéopathie comme thérapie standard pour un nombre d'indications... Est-ce que les résultats d'études randomisées en double aveugle peuvent seulement convaincre s'il y a un mécanisme d'action plausible, acceptable ? »

Fin 1994 apparut dans *The Lancet* une autre étude qui démontrait l'effet des remèdes homéopathiques. Des patients asthmatiques avec traitement homéopathique se portaient mieux que des patients qui recevaient un placebo. L'équipe de révision rigoureuse du *Lancet* n'avait pas trouvé de fautes dans l'étude. Néanmoins la rédaction se demanda « Devons-nous croire cette étude ? Nonobstant les preuves, les doutes resteront de mise. »

Dans un rapport de Boissel et al pour la Commission Européenne de 1996, 15 études de grande qualité étaient recensées. La conclusion : » Il est évident que l'homéopathie est plus efficace qu'un placebo.»

Une autre étude de Linde et al, publiée dans le *Lancet* en 1997, recensait 89 études, en concluant que les effets cliniques positifs ne pouvaient pas être exclusivement mis sur le compte de l'effet placebo.

Une méta-analyse de Shang et al, également dans le célèbre *Lancet* en 2005, sélectionnait 8 études sur un total de 108 examinées, pour conclure qu'il n'y avait que peu d'arguments pour un effet spécifique des remèdes homéopathiques. Dans un éditorial, la rédaction du *Lancet* titrait : « La Fin de l'Homéopathie ?» Mais comme répondit Linde dans le numéro suivant du même *Lancet* : « Nous trouvons extrêmement décevant qu'une revue médicale majeure se sert d'une telle étude imparfaite pour tirer des conclusions peu critiques et polémiques. » Aussi la *British Homeopathic Association* réfutait les conclusions de Shang, en remarquant qu'au moins trois des études considérées étaient positives pour l'homéopathie.

Ajoutons un petit mot sur cet « effet spécifique » qui manquerait. Les effets d'une thérapie qui changent un paramètre quantifiable sont les effets spécifiques, pendant que les autres effets qui influencent la maladie par des voies plus holistiques ou psychologiques sont appelés des effets non-spécifiques. Toutes les thérapies produisent les deux effets. Mais l'homéopathie, une thérapie holistique, génère plutôt le deuxième genre, parce qu'elle relie sur un processus d'autorégulation, par lequel le système de défense de l'individu est stimulé pour se défaire de la maladie. Les résultats d'une thérapie, surtout d'une thérapie complexe et individuelle pour chaque patient, doivent tenir compte des deux, les effets spécifiques et non spécifiques, ce qui n'est pas possible dans une étude contrôlée en double aveugle.

Il faudra en tout cas plus d'études pour respectabiliser l'homéopathie. Un des problèmes se tient dans le fait qu'il n'y a que peu de scientifiques qui veulent s'y intéresser. Le danger persiste qu'ils seront, comme Benveniste, bannis de la communauté scientifique. Le professeur et toxicologue Roberfroid a presque dû fermer son laboratoire après son étude sur la protection homéopathique contre des toxines cancérigènes. Un professeur de toxicologie dépend financièrement des analyses qu'il entreprend pour des firmes pharmaceutiques. Avant d'être lancé sur le marché, l'éventuelle toxicité d'un nouveau médicament doit être examinée. Après son étude sur l'homéopathie, Roberfroid ne recevait plus de commandes de l'industrie, jusqu'à son invention, en 1995, du concept de prébiotiques, qui le rendit célèbre .

Une dermatologue vint consulter le confrère Van Wassenhoven pour une maladie de peau de son enfant de quatre ans. Le molluscum contagiosum que cet enfant affichait est une éruption de petits boutons, une infection virale. « Pourquoi venez-vous chez moi, étant dermatologue ?» demanda mon confrère.

« Vous savez » répondit la spécialiste « que le seul traitement consiste en un curettage des boutons, ce qui peut facilement laisser des cicatrices ». L'enfant reçut de la cyclosporine homéopathique et les papules disparurent dans le mois. L'homéopathe avait pensé à de la cyclosporine, parce que ce médicament anti-cancer peut, en dose normale, provoquer l'apparition de molluscum. Après ce traitement réussi, il proposa à la mère enthousiaste de lancer une étude sur l'utilisation dermatologique de la cyclosporine diluée, parce que les dermatologues voient beaucoup plus de cas de cette affection que des médecins généralistes. Elle fut stupéfaite, quand elle apprit à son service qu'elle ne pourrait poursuivre sa carrière si elle voulut s'aventurer à une telle étude. Elle continue donc à traiter ses jeunes patients de molluscum avec des curettages auxquels elle ne voulait pas soumettre son propre fils.

V. NUTRITION

Le coeur lourd peut rendre malade, mais même le plus grand optimiste ou le philosophe le plus détaché ne vivra pas longtemps s'il ne respecte pas quelques règles de vie essentielles. Fumer est mortel et raccourcit la vie de 10 à 40 ans. Souvenez-vous de Jacques Brel, Humphrey Bogart ou Serge Gainsbourg , tous morts avant soixante ou même cinquante ans. Par ailleurs, une grande consommation d'alcool nuit au foie et au coeur. Un manque de sommeil mine les défenses du corps. Il faut bouger pour vivre longtemps. Et la nutrition est importante. Mais laquelle ?

Il faut d'abord manger modérément. La sobriété fait durer plus longtemps. Des expériences scientifiques ont démontré que les souris qui reçoivent trente pour cent de moins de calories, rallongent leur vie de cinquante pour cent. Beaucoup de maladies du coeur, des vaisseaux, des articulations, du dos et du système digestif trouvent leur origine dans une nourriture trop copieuse et trop riche. « Il faut manger beaucoup pour grandir et devenir résistant », ainsi avons nous appris. Des parents viennent souvent se plaindre que leur fiston ou la fille bien aimée ne veulent pas manger. Alors je jette un coup d'œil sur ces enfants prétendument sous-alimentés. Ils ne m'ont jamais l'air mal nourri ou maigre (je ne parle pas des vrais cas d'anorexie). Il se fait qu'ils grignotent allègrement entre les repas. L'appétit de ces enfants croîtra en conséquence si les en-cas sont éliminés. Je raconte aux parents inquiets qu'ils ne doivent pas inciter leurs enfants à manger ; la nature et l'instinct de survie veilleront à ce qu'ils mangent lorsqu'ils ont faim.

Non seulement les enfants, mais aussi les adultes feraient mieux de bannir les grignotages. Il est d'ailleurs mieux de finir les repas avec une légère sensation de faim. Il n'est pas conseillé de s'empiffrer. Après un repas lourd, toute l'énergie de l'organisme se concentre sur la digestion. On se sent fatigué et on a besoin d'une sieste avant de se remettre au travail. Le soir il est préférable de se limiter à un repas léger. Moins on mange le soir, mieux on dormira et de moins d'heures de sommeil aura-t-on besoin.

La question cruciale reste : quoi manger et de quoi s'abstenir ? Le plat national de steak et frites peut-être ? Des hamburgers avec du coca ? Notre culture culinaire a subi une vraie révolution. Avec l'énorme augmentation du niveau de vie depuis la deuxième guerre mondiale, l'utilisation du pain a régressé, tandis que charcuterie, biscuits, viennoiseries, boissons sucrées, chips, repas préparés et autres fabrications industrielles ont envahi le marché de l'alimentation.

LISTE NOIRE

Graisses animales

Par graisses animales je n'indique pas seulement le lard, le saindoux, le col blanc d'un steak ou d'une côtelette, mais aussi le beurre, le fromage (souvent 40, 50 ou 60 pourcent, eh bien oui, de graisse animale), les hamburgers (30 à 40 pour cent de graisse), la pizza, richement décorée de fromage, et même la viande qui a l'air plus ou moins maigre. Le lard contient 95 pour cent de graisse, le bacon 45 pour cent, la saucisse 35 pour cent, et la viande « maigre » 20 à 30 pour cent.

Les graisses font partie de 40 pour cent de notre nutrition, alors qu'elles ne devraient pas dépasser les 30 pour cent. Les graisses animales contiennent beaucoup de cholestérol et contribuent à ce que les artères se bouchent, en provoquant des maladies du coeur et des vaisseaux : l'artériosclérose, l'angine de poitrine, les infarctus, les thromboses et les hémorragies cérébrales.

Le Dr Keys, parmi d'autres, avait déjà démontré dans les années cinquante que les graisses saturées des graisses animales augmentent le cholestérol. De multiples études ont depuis lors démontré le rôle néfaste d'un excès de cholestérol. Les graisses saturées sont des graisses qui se solidifient, c'est-à-dire, qui deviennent dures à température ambiante. On les trouve surtout dans les produits animaux comme le lait, le beurre, la crème fraîche, le foie et la viande.

Une étude du professeur Swank de Portland démontra qu'un régime pauvre en graisses freinait l'évolution de la sclérose en plaque. Des études épidémiologiques (l'épidémiologie est la science qui examine le rapport entre la maladie et les facteurs environnementaux ou personnels) ont depuis longtemps montré un rapport entre la consommation de graisses et les cancers du sein et du colon. Le risque du cancer du colon augmente proportionnellement avec les quantités de viande rouge et de graisses animales consommées. Au Japon on ne mange que peu de viande, aux Etats-Unis beaucoup. On observe que les Japonnais émigrés aux Etats-Unis développent autant de cancers du colon que les Américains, tandis que cette maladie est rare au Japon. Une étude du *New England Journal of Medicine* démontra que des femmes qui mangent de la viande de bœuf, d'agneau ou de porc tous les jours triplaient leur chance d'attraper un cancer du colon, par rapport aux femmes qui ne mangeaient de la viande qu'une fois par mois.

Margarine

Les graisses animales se trouvent depuis longtemps sur le banc des accusés en tant que graisses saturées. Les multinationales de l'industrie de la nutrition ont donc promu, pendant longtemps avec grand succès, leurs margarines et huiles avec des graisses végétales polyinsaturées. Les margarines Becel et Vitelma étaient déclarées bonnes pour le coeur et les vaisseaux sanguins. Qu'en est-il vraiment ?

Les graisses végétales durcies, dont la graisse de huile de palme, qui font partie des margarines, augmentent le taux de cholestérol du sang, plutôt que de le baisser. Ainsi écrivaient déjà en 1990 dans le *New England Journal of Medicine* les Néerlandais Ronald Mensink et Martijn Katan. Un quart des graisses contenues dans la margarine étaient des graisses trans, des graisses végétales durcies. Les graisses trans augmentent la quantité de « mauvais » et diminuent la quantité de « bon » cholestérol dans le sang. En 2015, une équipe de chercheurs canadiens publia dans le *British Medical Journal* une méta-analyse d'une cinquantaine d'études sans appel : les acides gras trans sont plus nocifs pour la santé que les aliments comme le beurre et le fromage, riches en graisses saturées. Ils augmentent le risque de décès de 34 pour cent. L'industrie a ces dernières années diminué leur taux dans l'alimentation. Mais ils se trouvent toujours dans des margarines, et dans beaucoup d'aliments transformés par l'industrie : dans les viennoiseries, les biscuits, les gâteaux, les quiches, les pizzas, les barres chocolatées, et dans beaucoup de plats préparés. En 2018, l'OMS a pris des initiatives pour bannir définitivement les graisses trans de l'alimentation.

Sucre

Par sucre, j'entends ici les sucres rapides et non pas les hydrates de carbone comme le pain, le riz et le blé, aussi connus comme sucres lents. Le sucre sert souvent de palliatif ou de succédané pour atténuer le malaise ou le mal de vivre que ressentent des personnes dépressives ou frustrées émotionnellement. Ou bien il est utilisé comme récompense. Cette fonction est encouragée dès le plus jeune âge. Les enfants reçoivent une friandise, un bonbon, s'ils se comportent bien. Plus tard on prendra une praline ou du chocolat, ou un biscuit pour pallier à l'insatisfaction ou à la tristesse. Et pourtant le sucre est un vrai poison pour notre organisme, qui contribue à un vieillissement accéléré. Le sucre est composé partiellement de glucose et de fructose. Au niveau du foie, le fructose induit les mêmes maladies que l'alcool . Selon le Dr Lustig, auteur de « Sucre, l'entière vérité » le sucre est aussi toxique que le tabac et l'alcool. Ceci est confirmé par une étude de la Harvard School of

Public Health qui constate que le sucre est la cause de plus de 3 millions de décès par an dans le monde. Ce chiffre est comparable avec les décès annuels dus au tabac (4,8 millions), à l'excès de cholestérol (3,9 millions) et à l'obésité (2,6 millions). Selon une étude du *Lancet* de 2016, si les industriels diminuaient pendant 5 à 6 ans de 40 pour cent les sucres dans les sodas, cela ferait un million d'obèses de moins. Malheureusement l'industrie alimentaire cache le sucre dans une multitude de ses produits pour mieux les vendre. Les sucres ne se trouvent pas seulement dans les boissons sucrées comme les cocas, les jus de fruits, les boissons énergisantes et autres sodas, dans les friandises de tout genre, les biscuits, les pâtisseries, les glaces, mais aussi dans les céréales du petit-déjeuner, les chips, le pain, le ketchup, quasiment tous les plats préparés, et les pizzas. Les quantités utilisées ne sont pas anodines, une pizza pouvant contenir jusqu'à trois morceaux de sucre. Le sucre raffiné ne contient pas de vitamines, de minéraux ou de fibres et n'apporte que des calories. Il ne peut que contribuer à l'obésité et au diabète. Attention, les produits « light » ne sont guère mieux, parce que l'utilisation des « édulcorants » dans ces produits augmente encore le pourcentage de cas de diabète.

Surgelé

Dans l'industrie, les légumes sont blanchis avant d'être congelés. Ainsi ils perdent entre 20 et 80 pour cent de leurs minéraux tels que le potassium, le magnésium, le phosphore, le calcium et le sélénium. Des chercheurs de Saragosse ont constaté que les haricots verts perdent 80 pour cent de leur potassium par la congélation . C'est important, parce que, même une petite augmentation journalière de potassium protège mieux que des médicaments contre des thromboses ou des hémorragies cérébrales. Il a été démontré que manger une banane par jour diminue le risque d'accident vasculaire cérébral de 40 pour cent.

POUR UNE ALIMENTATION SAINE

Huile d'olive

Nous avons besoin de graisses pour structurer notre organisme. Mais quelles graisses ? Pas les graisses animales et pas les margarines. Pendant de longues années, les revues médicales ont fait la part belle aux graisses polyinsaturées, mais ces louanges étaient prématurées et pas justifiées. Les articles scientifiques donnent dorénavant la palme à l'huile d'olive, qui protège depuis des millénaires les peuples autour de la Méditerranée contre le cancer et les maladies cardiovasculaires. L'huile d'olive est un des piliers du fameux régime crétois, connu pour ses effets anti-cholestérol et anti-âge. Cette huile augmente la teneur de « bon » cholestérol, le HDL, tandis que les graisses polyinsaturées le font justement baisser. L'huile d'olive contient aussi de grandes quantités de vitamine E et A, avec leur qualités antioxydantes. Et la grande teneur d'acide oléique contrecarre une élévation de la pression artérielle.

D'autres bonnes graisses se trouvent dans les poissons gras, tels que sardines, maquereaux et saumon, ainsi que dans les graines et les noix, et dans les avocats.

Fruits et légumes

Il y a un rapport inversé entre la prise de légumes et de fruits et l'apparition de cancers. Plus on mange de fruits et légumes, moins vite attrapera-t-on un cancer. Mais vu qu'aucune firme pharmaceutique ne gagne de l'argent en vendant des légumes et des fruits, les scientifiques engagés par ces firmes se creusent la tête pour trouver les ingrédients de ces aliments qui contrecarrent le cancer. Au début des années quatre-vingt il s'avérait que le brocoli présente une action vigoureuse anti-cancer. Mais lequel, parmi la centaine des constituants de ce légume était responsable de cet effet ? Après des années de recherche, le laboratoire du professeur Talalay de la John's Hopkins découvrit la substance miracle : le sulforaphane. Cette substance se vend maintenant entre 5 et 35 euros. Mais il n'est pas sûr que ce sulforaphane vaut le brocoli al dente de notre cuisine, parce que dans le légume, il agit sans doute en alliance avec d'autres substances.

Il y a plusieurs facteurs qui expliquent l'effet anti-cancer des fruits et des légumes. D'abord ces aliments contiennent beaucoup de fibres. Le colon est traversé d'une part par des cancérigènes que le corps fabrique lui-même, entre autres des sels biliaires dénaturés, et d'autre part des cancérigènes apportés par la nourriture, par exemple des pesticides et des additifs. Les fibres exercent un effet positif sur ces cancérigènes ; elles augmentent le volume des selles et diluent ainsi les substances nocives ; et elles stimulent la motricité du colon, en diminuant ainsi le contact de ces substances avec la paroi intestinale.

Ensuite, pour ceux qui sont végétariens, le fait de ne pas manger de viande ou de graisses animales, est déjà en soi un facteur qui protège contre le cancer.

Mais la principale protection des légumes et des fruits dérive de leur contenu en vitamines. Les vitamines sont instrumentales dans la lutte contre les radicaux libres. Ces derniers sont responsables d'un vieillissement tissulaire prématuré, et donc les grand méchants pour ceux qui aspirent à une longue vie. Les radicaux libres sont des atomes ou des molécules qui, sous l'influence du soleil, de rayons X, d'ozone, du tabac, des gaz d'échappements ou d'autres polluants, ont gagné ou perdu pendant un moment, un électron. Normalement, les molécules sont liées par des paires d'électrons qui forment des liaisons stables. Quand ces liaisons, sous l'influence des facteurs sus-cités, sont rompues, il ne reste qu'un électron de la paire originale. Cet électron devient un « radical libre » très réactif qui n'aura alors de cesse de capter ou de céder un autre électron à une molécule de son entourage, propageant ainsi le phénomène. Lorsqu'elle se produit dans l'organisme, cette réaction en chaîne est communément appelée « stress oxydant ». Elle provoque de nombreux dégâts dans les tissus et les organes, et peut modifier certains gênes, qui sont composés d'ADN. Si les brins d'ADN sont endommagés, ils peuvent produire des cellules anormales qui se développent en cancer. Les radicaux libres favorisent aussi l'arthrite et les maladies cardiovasculaires.

Heureusement, nous disposons d'enzymes et d'antioxydants produits par notre métabolisme qui s'opposent aux radicaux libres. Mais quand, sous l'influence par exemple des polluants, trop de radicaux se libèrent, ceux-ci peuvent prendre le dessus et endommager le corps. Ici survient le rôle de la nutrition pour venir en aide aux mécanismes de défense, en nous livrant des antioxydants précieux comme la vitamine C et E, le bêta-carotène (précurseur de la vitamine A) et le sélénium.

Vitamine C

La vitamine C se trouve en quantité dans les fruits citriques, les kiwis, le persil, les poivrons rouges, les différents choux, et le brocoli. Cette vitamine a longtemps occupé le devant de la scène des vitamines et des suppléments nutritionnels. Elle fut portée aux nues par le double lauréat du prix Nobel Linus Pauling. Il prétendait que la vitamine C agissait contre le rhume et le cancer. Toutefois, la vitamine C peut éventuellement prévenir, mais ne peut guérir le cancer.

Vitamine E

La vitamine E se trouve dans l'huile d'olive, dans d'autres huiles végétales, et en moindre quantité, dans les œufs et le pain complet. Cette vitamine peut se lier à l'oxygène, ce qui freine la synthèse de produits dérivés toxiques de l'oxygène : c'est l'effet réputé antioxydant. La vitamine E augmente la performance pendant les efforts physiques, et protège contre la formation de cancers ou les dégâts causés au foie par la fumée ou les médicaments.

Bêta-carotène

Le bêta-carotène se trouve essentiellement dans les légumes et quelques fruits colorés : les carottes, les poivrons rouges et oranges, l'oseille, le persil, le chou vert, et, en moindre concentration, les mangues, le fenouil, le melon, le brocoli et les échalotes. Approximativement 30 pour cent du bêta-carotène absorbé est transformé en vitamine A. Il est quand même conseillé de préférer le bêta-carotène à la vitamine A, parce que celle-ci, en dose trop élevée, peut endommager le foie. Une étude de Harvard dans laquelle 12.000 médecins étaient suivis sur une période de 10 ans, démontrait que ceux avec une maladie de coeur connue qui prenaient chaque jour 50 grammes de bêta-carotène, diminuaient leur risque d'infarctus du myocarde, ou de thrombose cérébrale de 50 pour cent. D'autres études montrent que le bêta-carotène peut prévenir le cancer.

Sélénium

Le sélénium est un composant essentiel de l'enzyme glutathion peroxidase qui inactive des toxines organiques. Cette enzyme lutte, avec la vitamine E, contre le stress oxydant et contribue ainsi à la prévention de cancers et de maladies cardiovasculaires. Le sélénium se trouve en grande quantité dans les noix du Brésil : une seule par jour suffit pour atteindre l'apport journalier recommandé de cet oligo-élément !

L'acide folique

Voici une autre vitamine anti-cancer importante, trouvée essentiellement dans les légumes-feuilles : dans les épinards, les choux, le cresson, les bettes mais aussi les haricots blancs secs, les germes de blé, les petits pois et les noix. La concentration en est d'autant plus élevée, que la couleur verte est foncée.

Végétarien

Plutôt que d'avaler des vitamines sous forme de suppléments, il vaut mieux les consommer sous leur forme naturelle, parce qu'ainsi elles sont portées par les cofacteurs qui ne sont pas présents dans les préparations pharmaceutiques. Avant tout les choux, les choux de Bruxelles et le brocoli, mais aussi les pommes, le persil, les betteraves rouges et les germes de blé contrecarrent les cancers.

VI QUESTIONS ET REPONSES

Les guérisons homéopathiques seraient dues à l'effet placebo.

C'est l'explication qui a la vie dure sur l'homéopathie. Ce mensonge est tenace, parce qu'il est répandu à tort et à travers par les représentants du monde académique ou scientifique. Placebo signifie une substance qui ne contient rien et l'effet qu'il produit ne peut donc pas être imputé au remède dont il porte le nom ; ce concept a le dos assez large pour prendre en charge toutes les guérisons inexplicables par l'état de la science actuelle. Le patient guérirait par le pouvoir guérissant du médecin homéopathe, et non pas par le remède homéopathique, qui intrinsèquement n'aurait aucune valeur.

Les études ont démontré que l'effet placebo joue un rôle dans tous les traitements. Mais joue-t-il pour autant plus dans l'homéopathie qu'ailleurs ?Comment expliquer la guérison de bébés, dont on ne peut pas prétendre qu'ils ont une quelconque relation avec leur médecin ? Et quid des animaux ? Il y a quelques années, dans un reportage de la BBC, des éleveurs s'étonnaient de la grande efficacité de l'homéopathie contre des infections. Leurs animaux n'étaient bien sûr pas au courant qu'un médicament avait été mélangé à leur eau potable.

Beaucoup de patients ont consulté les professeurs et les spécialistes les plus réputés, avant de faire appel à un homéopathe. Pourquoi celui-ci produirait -il un effet placebo que ses confrères de la médecine académique avec toute son aura et son prestige n'ont pas pu réaliser ? De plus, la présentation des remèdes homéopathiques ne favorise pas l'effet placebo. Les médicaments réguliers arborent une belle forme et couleur, les globules ou granules homéopathiques par contre ont l'air simple et sont toujours semblables. Il y a également des différences au niveau de

- l'administration : des injections font plus d'impression que des granules ; cela fait un peu mal, donc il doit y avoir un effet ;

- la posologie : pour un meilleur effet placebo, il est mieux de prendre beaucoup de comprimés, ce en quoi l'allopathie excelle ;

-le prix : plus il est élevé, plus on peut attendre de résultats ;

-la couleur du comprimé : un calmant devrait être bleu, un stimulant rouge, et un laxatif brun, mais les granules homéopathiques présentent tous le même aspect ;

-le goût n'est pas négligeable, si c'est amer, cela devrait être efficace. - Le nom du remède, par contre, joue peut-être en faveur de l'homéopathie, grâce à la magie de la terminologie latine .

Est-il vrai que l'homéopathie n'est pas nocive ?

Vrai et pas vrai. Si cela n'aide pas, au moins cela ne nuit pas, ainsi se résume l'attitude de beaucoup d'observateurs. L'homéopathie n'est pas nocive si elle est appliquée selon les règles et certainement pas si les dilutions appliquées sont relatives basses. Si le patient n'a aucune affinité pour le remède, il ne se passera rien. Si ce remède en revanche est bien choisi, le patient guérira partiellement ou complètement, après parfois un bref passage de quelques nouveaux symptômes. Le patient et le remède se caractérisent tous les deux par un rayonnement électromagnétique, qui peut être représentée par une onde sinusoïdale. Si les deux ondes se superposent, les conditions sont réunies pour une belle guérison. Si les ondes ne se recoupent que partiellement, l'organisme peut parfois produire d'étranges réactions. Une patiente me consulta pour un rhume, et deux jours plus tard elle développa un goître à hauteur de la thyroïde. Il se peut que c'était dû au hasard , mais peut-être le Sulfur que j'avais prescrit avait extériorisé l'affection de la thyroïde déjà présente. Les remèdes homéopathiques ne sont pas des sucres innocents, ce sont des médicaments très puissants. Chaque homéopathe a bien vu des aggravations lourdes d'un eczéma. Ce qui nous amène à la question suivante.

Pourquoi le remède homéopathique cause-t-il parfois une aggravation ?

Parce que le remède peut produire les mêmes symptômes que la maladie. Il peut donc dans un premier temps, premières heures ou premiers jours, aggraver ces symptômes. Quelle est la fréquence de ces aggravations ? Moi-même, j'en ai vues dans peut-être un cas sur vingt d'un remède bien choisi. L'aggravation peut toutefois être si minime et de si courte durée, que le patient ne l'a même pas enregistrée. En y regardant de près, il se réalisera peut-être qu'il s'est senti moins bien pendant quelques minutes ou quelques heures. L'aggravation peut revêtir différentes formes : elle peut se manifester par une aggravation de symptômes pré-existants, mais aussi par des maux de tête, des nausées, de la diarrhée, une grande fatigue ou faiblesse, des perturbations du sommeil, etc. Très exceptionnellement les symptômes peuvent durer une à deux semaines . Pour contrecarrer une telle aggravation excessive, il convient de recontacter son homéopathe. Cela peut être utile de reprendre le même remède en plus grande dilution.

Beaucoup de gens ont une petite pharmacie homéopathique dont ils se servent à la moindre affection de leurs enfants ou d'eux-mêmes. En cela ils se servent de livres d'auto-assistance d'homéopathie. Une bonne idée ?

Se servir de quelques recettes de cuisine n'est pas conseillé, si vous n'avez d'abord pas bien étudié les lois et les remèdes de l'homéopathie. Il n'est d'ailleurs pas conseillé de se tourner au moindre petit mal vers un médicament, fût-il homéopathique. Les gens ont tendance à utiliser trop de médicaments. Il vaut mieux laisser passer les petits maux d'eux-même. Il n'est pas nécessaire de toujours doper l'organisme, il est bien équipé pour se charger de sa défense. Laissez-le réagir avec ses propres moyens. C'est seulement s'il n'y arrive pas, qu'il faut le soutenir.

Il faut y croire pour que cela fonctionne.

Pas du tout. Beaucoup de gens viennent consulter parce qu'ils sont au bout du rouleau, et non pas parce qu'ils y croient. Ils veulent bien essayer l'homéopathie pour combattre l'affection avec laquelle il valait mieux selon le spécialiste apprendre à vivre. Leur démarche ne dépend pas d'un credo de foi. Il est vrai que les personnes avec un préjugé négatif ne feront pas le pas. Parfois ils hésitent pendant des années avant de faire appel à l'homéopathe, qui a aidé ou guéri leur femme ou leurs enfants. Je me rappelle de quelques grands incrédules qui ont bénéficié d'un traitement. L'un d'eux, un journaliste, dormait selon son épouse beaucoup mieux après une dose de Lycopodium que je lui avais administré. L'autre était assez dépressif. Pendant une réunion chez des amis j'avais remarqué qu'il était très frileux et méticuleux. Des arguments suffisants pour lui donner de l'Arsenicum. De lui-même et de certains amis, un an plus tard j'appris qu'il se portait mieux.

Quelles maladies peuvent être guéries par l'homéopathie ?

Beaucoup plus que ce que l'on soupçonnerait. Les gens ont une idée assez réduite de ce que l'homéopathie peut réaliser. Si des membres de la famille ou des connaissances ont été aidés pour des allergies, des maux de tête, de la dépression ou une autre maladie, ils feront appel à l'homéopathe pour les mêmes affections, et pour rien d'autre. Ils consultent pour de l'eczéma, mais si par la suite ils attrapent un abcès, une grippe ou une cystite, ils s'adressent à leur médecin généraliste. Pourtant, l'homéopathe peut traiter pratiquement toutes les maladies. Les gens ont leur idée sur les médecins qu'il faut consulter selon la maladie. Pour des douleurs des articulations ou du dos par exemple, si ce n'est pas au rhumatologue, c'est, croient-ils, à un chiropracteur ou un ostéopathe qu'il faut s'adresser. Certes, des problèmes du système locomoteur sont souvent améliorés ou même guéris par l'une ou l'autre forme de médecine manuelle. Mais l'homéopathie peut aussi s'en charger avec succès.

Voici quelques exemples. Il y a cinq ans je me levai un jour de mai avec la nuque raide, mal à la gorge et une faiblesse générale. Je pris un remède homéopathique et le soir je me rendis chez l'ami ostéopathe. Mais le jour suivant je me sentis tout aussi malade. Je ne pouvais à peine bouger ma tête. « Donne-moi quelque chose, parce que je ne peux pas travailler ainsi, » dis-je à un confrère. Il m'administra un remède, mais je dus prendre des aspirines pour me traîner à travers la matinée. « Viens, » me dit un autre confrère- l'ami Henk-, « je vais examiner ton cas. » Je m'étais rendu compte entretemps d'un symptôme étrange. Et tout ce qui est étrange vaut de l'or, en homéopathie. J'avais mal à la nuque quand j'avalais. Henk prit la rubrique mal au dos en avalant et choisit entre les quatre remèdes mentionnés Causticum. Ce soir-là je me sentis encore malade, mais je dormis bien, alors que la nuit précédente je n'avais pas fermé l'oeil. Le matin je me sentis mieux à trente pour cent et le soir j'étais complètement guéri. Le jour suivant, je pus reprendre mon entraînement de 12 km de jogging.

L'année passée, ma sœur m'appela. Elle était enceinte et souffrait depuis un mois de maux de dos féroces. Elle avait pris des anti-inflammatoires sans résultat. Je la vis un dimanche et voulus lui administrer un traitement. Mais elle voulait aussi voir son ostéopathe qui devait rentrer de vacances le mardi. « Bon », dis-je, « attendons le résultat de ce traitement. Si l'ostéopathie marche, il faut ressentir une amélioration après la manipulation. » Comme je m’y attendais, cette séance ne changea pas la donne. Je lui conseillai la prise de Kalium Carbonicum et en trois jours ses maux de dos disparurent.

En fait, quelles affections peuvent bénéficier d’un traitement homéopathique?
1. Différentes sortes de douleur : maux de tête, de dos, d’estomac, de ventre, des rhumatismes et de l’arthrose.
2. Des affections allergiques, comme la rhinite, le nez bouché, l’asthme, le rhume des foins et l’eczéma.
3. Un nombre d’infections aiguës comme la grippe, les angines et les otites, les cystites, bronchites, etc.
4. Des maladies de peau comme des éruptions de tout genre, du prurit, des verrues etc.
5. Des maladies des nerfs comme des insomnies, de la dépression, des angoisses, etc.
6. Des problèmes gynécologiques : des symptômes de la ménopause, des vaginites, des verrues génitales, le syndrome prémenstruel, des règles douloureuses et des problèmes de grossesse. Une femme me consulta pour différentes plaintes, entre autres les seins engorgés, et des douleurs aux hanches et aux jambes. A la consultation suivante, elle était aux nues. Elle avait constaté un changement dans un symptôme que la première fois elle n’avait même pas mentionné: depuis une dizaine d’années elle souffrait de sécheresse vaginale, pour laquelle elle avait essayé plusieurs traitements dont des hormones, toujours sans résultat ; et faire l’amour n’était pas une mince affaire. Mon traitement avec du Calcarea Carbonica avait rétabli sa lubrification vaginale. Précédemment elle avait toujours souffert de seins très sensibles, à tel point qu’elle n’avait pas pu donner le sein à ses bébés. Cette hypersensibilité aussi disparut avec le remède.
7. Des maladies cardiovasculaires: des bouffées de chaleur, des engelures aux mains et pieds, des arythmies, une tension artérielle élevée ou trop basse, des jambes lourdes, des varices, des palpitations.

8. Des maladies du tube digestif tels que des aphtes, un estomac lourd ou un ventre gonflé, de la flatulence, des gastrites et des ulcères d'estomac, de la constipation et de la diarrhée, des nausées, des hémorroïdes et le mal de voyage.

Quelles maladies l'homéopathie ne peut-elle pas guérir ?

Certaines affections neurologiques causées par des lésions irréparables au système nerveux, ou par le manque de certaines substances essentielles pour le maintien de ce système, ne peuvent pas être guéries par homéopathie (mais pas non plus par la médecine régulière). Je parle de maladies comme la sclérose en plaque, et la sclérose latérale amyotrophique, en France appelée maladie de Charcot, deux maladies caractérisées par une dégénérescence des faisceaux nerveux. Aussi la maladie de Parkinson (manque de dopamine), certaines maladies musculaires dégénératives et les cancers sont difficiles à traiter.

Différentes formes de psychoses ne se traitent pas par homéopathie. Les crises maniaco-dépressives, de schizophrénie, ou de paranoïa demandent une intervention par la médecine régulière. Par contre, les simples dépressions et les états d'angoisse se prêtent bien à un traitement homéopathique.

Combien de temps avant que le traitement homéopathique montre son impact ?

Le préjugé est maintenu que l'homéopathie prend du temps et qu'il faut de la patience pour voir les résultats. Tout dépend de la compétence et de l'expérience de l'homéopathe ; a-t-il trouvé le bon remède, oui ou non ? Ceci n'est pas une sinécure. Pour le patient, il n'y a qu'un remède d'application sur une série de plus de 1500, et pour la même maladie le remède est différent d'un patient à l'autre. Pour un observateur extérieur ou un homéopathe peu expérimenté, la solution semble comparable à la recherche d'une aiguille dans une botte de foin.

La vitesse de réaction dépend aussi du caractère de la maladie : est-elle aiguë ou chronique ? Des affections aiguës peuvent, avec le bon remède, être guéries dans les minutes ou les heures. S'il faut attendre plus que 24 heures pour voir une amélioration, il semble que le remède n'était pas le bon. J'ai souvent vu des améliorations spectaculaires en quelques heures après la prise du remède.

Le tableau est différent avec les maladies chroniques. Une maladie qui s'est construite pendant longtemps, et qui a généré des lésions comme des ulcères d'estomac ou des nodules de rhumatismes, ne pourra pas disparaître d'un seul coup. Le choix du bon remède peut néanmoins donner un soulagement rapide des symptômes. Les douleurs d'un ulcère d'estomac peuvent s'estomper dès le premier jour ; mais cela ne veut pas dire que l'ulcère s'est fermé en une journée.

Et puis, qu'est-ce une guérison rapide ? Pour ceux qui sont malades depuis des années, un résultat dans les trois mois peut être considéré rapide. Il y en a qui, après des années de maladie, se décident à « essayer l'homéopathie ». S'ils ne vont pas mieux après une ou deux consultations, ils abandonnent « parce que l'homéopathie n'a pas aidé ». Mais non, ils se trompent. L'homéopathie est aussi une recherche de soi-même. L'homéopathe a besoin de l'information adéquate pour mettre le doigt sur le seul remède qui convient dans l'énorme liste des possibilités. Pourquoi les gens consultent-ils semaine après semaine tel psychologue ou psychiatre, souvent pendant des années et avec des résultats douteux, tandis que l' homéopathe, qui agit sur un niveau aussi profond, devrait faire l'affaire en quelques consultations ?

Peut-on maigrir avec l'homéopathie ?

C'est une question qui me revient souvent dans mon cabinet. Eh bien non, il n'existe pas des remèdes miracles inoffensifs pour maigrir. Le problème est qu'un nombre de médecins depuis longtemps proclament qu'ils font maigrir avec de l'homéopathie. Rien n'est moins vrai. D'abord leur recettes sont à peu près les mêmes pour tout le monde, il n'est pas question d'individualisation. Et ils utilisent les mêmes substances utilisées par les autres médecins qui font maigrir, souvent des médicaments qui sont nuisibles pour la santé. Ils ajoutent à leur prescription quelques substances végétales, du genre piloselle, boldo ou fucus, pour donner à leur prescription fondamentalement allopathique une sauce naturelle ou homéopathique. Non seulement ce traitement est préjudiciable, mais dès que le patient l'arrête, les kilos reviennent au galop. C'est ainsi que l'homéopathie s'est forgé une mauvaise réputation dans ce domaine. Maigrir n'est pas facile. Dans cette société de l'opulence beaucoup de gens courent le risque d'accumuler un surpoids. Ici comme dans d'autres domaines, la prévention est le meilleur traitement. Aussi longtemps que quelqu'un puisse mettre son vieux pantalon ou sa jupe sans problème, qu'il ne présente pas trop de bourrelets, et que sa ligne reste intacte, il n'y a pas de quoi s'inquiéter. Sinon, il faut redresser la barre et instaurer quelques mesures de contrôle. D'abord il faut monter sur sa balance chaque matin. Il est utile de maintenir un poids cible, pourquoi pas le poids de ses seize ans, et de ne pas s'en écarter. On est invité à une fête, on s'empiffre toute la soirée ? OK, mais il faut se débarrasser au plus vite du kilo superflu ainsi acquis. On peut faire une journée de jeûne, ou remplacer quelques repas par des fruits. Il faut toujours garder comme but le poids cible.

Mais si des habitudes nutritionnelles dévastatrices nous ont quand même encombré avec un nombre de kilos indésirables? Et quelles sont ces habitudes ? La consommation de friandises, de biscuits, de gâteaux ou de tartes, de chips, de barres chocolatées ou d'autres chocolats, de gaufres, de frites, de mayonnaise, bref de sucreries et de graisses malsaines, mais aussi la prise illimitée de pain blanc, de pâtes et de sauces grasses. Y a-t-il une solution pour ceux qui se sont gavés pendant des années ? Oui, de la volonté et de la motivation, seulement ce sont des valeurs qui étaient déjà déficientes dans un premier temps. On pourrait présumer que tout un chacun est motivé pour être présentable, ou mieux, pour avoir belle allure. Oui et non. Le désir peut exister, mais agir en conséquence pose problème. Agir ne veut pas dire suivre un régime strict. Cela peut être contre-productif. Les personnes avec un surpoids peuvent en témoigner : ils ont suivi un régime pendant un ou deux mois, et dès qu'ils arrêtent ils recouvrent en quelques semaines leur poids antérieur et souvent même le dépassent: le fameux effet yo-yo. Comment est-ce possible ? Le problème est que le corps s'adapte à des régimes de famine. Donnez- lui moins de calories, et il s'accommodera avec moins. Quelqu'un qui a suivi un régime dur, pauvre en calories, prendra du poids avec un régime alimentaire normal. Il devra manger 20 ou 30 pour cent de moins qu'un autre pour maintenir son poids.

Que faire? Y a-t-il de l'espoir pour celui qui a ruiné sa ligne, et sa santé, avec des mauvaises habitudes alimentaires? Oui. Il y a plusieurs éléments. D'abord maigrir est une affaire de longue haleine. Il ne faut pas suivre un régime, mais il faut changer les habitudes définitivement, il faut se tourner vers une vie saine et une alimentation équilibrée. Il est utile de consulter un diététicien pour mettre en route des habitudes alimentaires qu'on pourra respecter au quotidien sans trop de difficultés, et cela à long terme, pour ne pas dire le reste de sa vie. Il faut éliminer sucres et mauvaises graisses, ne pas grignoter et de préférence finir les repas avec une légère sensation de faim, plutôt qu'avec la sensation d'être bien repu.

Et puis, il convient de bouger beaucoup. Attention, le sport et l'exercice physique ne font pas en soi maigrir. Une promenade d'une heure est bonne pour une perte de graisse de 20 grammes ; une heure de natation ou de cyclisme pour 30 grammes, et une heure de jogging pour 60 grammes. Pour perdre un demi kilo de graisses, il faut courir 69 km à une vitesse de marathon, ou bien marcher 107 km à 5,5 km de l'heure. Ces genres d'effort ne sont pas à la portée de tout le monde. Mais l'exercice physique régulier est quand même important pour stimuler le métabolisme, et pour augmenter le volume des muscles, parce que les muscles consomment plus de calories que d'autres tissus.

De plus, la perte de poids est multifactorielle. Il ne s'agit pas seulement de manger sainement et de faire de l'exercice physique, il faut aussi travailler le mental, les émotions, à commencer par les frustrations, souvent à l'origine des fringales et des crises de boulimie.

Quand le surpoids est le résultat d'une maladie, ou d'un équilibre bouleversé, l'homéopathie, la vraie, peut apporter une solution. Une patiente perdit 26 kg en 16 mois. Elle avait reçu Naja, un remède qui n'est même pas mentionné dans la rubrique obésité dans le répertoire. Naja lui fut administré parce qu'elle avait l'impression que personne dans sa famille ne l'aimait, parce qu'elle se sentait de trop et parce qu'elle avait l'impression que sa vie était ratée. Attention, que personne ne pense que l'on peut maigrir avec du Naja, c'était juste un remède qui convenait pour cette dame.

Les homéopathes n'attachent-ils pas d'importance à l'examen physique ?

L'homéopathe est un médecin comme les autres, qui pose un diagnostic avant d'appliquer un traitement. Il exécutera donc un examen physique adapté à l'histoire du patient. Une femme se plaignit qu'elle avait dû se déshabiller chez l'homéopathe X, alors qu'elle consultait pour des maux de tête. Je ne regarde pas nécessairement les jambes ou le dos des personnes qui consultent pour une dépression ou des angoisses. Et pourtant je devrais le faire. En effet, l'examen physique livre, en plus d'éléments du diagnostic habituel médical, des indications intéressantes pour l'homéopathe. Le visage et les mains sont une grande source d'informations. Mais le reste du corps n'est pas négligeable : des poils sur le dos chez un bébé, une pilosité anormale chez une femme, des verrues, des grains de beauté, des excroissances de l'os, des éruptions, des cicatrices, etc, tout peut être important.

VII PREMIERS SECOURS : DES RECETTES

L'homéopathie est une médecine individualisée. Pour chaque cas et chaque patient il faut un traitement adapté et souvent différent, même s'il s'agit de la même maladie. Mais l'expérience a enseigné que certains états de maladie, en général des petites affections, peuvent être soulagées par des recettes d'homéopathie.

Blessures fermées

Le grand remède miracle pour tout genre de blessures fermées est Arnica. L'Arnica agit contre des inflammations et des infections et aide à arrêter des hémorragies internes. A recommander pour ceux qui sont sceptiques envers l'homéopathie. Une dose d'Arnica 30 peut accomplir des miracles, mais aussi les dilutions plus basses comme 4, 5 ou 6 CH peuvent donner des résultats étonnants.

Etirements ou claquages de muscles

J'ai moi-même pu constater l'efficacité d'Arnica avec des lésions sportives. Une dose d'Arnica et l'étirement guérit.

Entorses

En cas d'entorse, l'os est momentanément arraché de l'articulation : cela s'accompagne d'une lésion des tendons et/ou des muscles, et d'une tuméfaction des tissus. Ici aussi, une administration rapide d'Arnica favorisera la guérison des tendons et des muscles. Si vous ne disposez pas d'Arnica, il faut appliquer des glaçons sur l'articulation affectée et l'examiner pour exclure une fracture. S'il y a hématome, la possibilité d'une fracture est élevée et il faut recourir à une radiographie.

Arnica n'est pas le seul remède à considérer en cas d'entorse. S'il n'aide pas, il est préférable de faire appel à un homéopathe, parce que Rhus Tox, Ruta et Ledum peuvent aussi opérer des miracles. Il y a quelques années, je vis un ami qui avait bu un verre de trop lors d'un vernissage. En quittant les lieux, il avait raté une marche, et s'était fait une sérieuse entorse de la cheville. Il ne pouvait pas s'appuyer sur une jambe et boitait sévèrement. Il se maintenait difficilement en s'appuyant sur quelqu'un d'autre. Sa douleur montait dans la jambe. Cette information me suffit pour lui donner du Ledum Pallustre. Incroyable mais vrai, le jour suivant il pouvait marcher normalement.

Commotion cérébrale

Un accident, un coup dur sur la tête, une chute sur la tête pendant le sport, un bébé qui tombe la tête par terre, voici quelques situations qui peuvent causer une commotion cérébrale, ou pire, une fracture du crâne. Si le patient a perdu conscience pendant quelques secondes ou minutes, il faut consulter un médecin, qui pourra juger si le patient doit être hospitalisé. Il faut exclure la présence d'un hématome extradural, cela veut dire un épanchement de sang entre la dure-mère, la membrane qui entoure le cerveau, et le crâne. Ce saignement exerce une pression sur le cerveau, et peut causer de graves conséquences,comme des hémiplégies, un coma et même la mort, s'il n'y a pas d'intervention médicale. L'administration d'Arnica, les premières minutes après une lésion à la tête, peut être d'une importance capitale. Arnica diminue le risque d'une hémorragie et arrête souvent des petits saignements. Les doses peuvent être répétées toutes les dix minutes, jusqu'à ce que le patient se sente mieux. Si après la lésion de la tête, certains signes indiquent une atteinte neurologique, par exemple une perte de mémoire, des troubles visuels, une perte de l'odorat, ou des changements du comportement, du Natrum Sulfuricum sera souvent indiqué, et sinon de l'Hypericum. Ce n'est pas parce que le patient se trouve à l'hôpital qu'il ne peut pas profiter d'un traitement homéopathique. Des patients avec un traumatisme crânien, qui se comportent subitement étrangement ou qui présentent des traits de caractère séniles, peuvent retrouver leur capacités mentales avec du Natrum Sulfuricum.

Contusions

Une bosse, c'est-à-dire un saignement dans les structures extérieures de tissu sur la tête ou ailleurs, dégonflera vite après une administration rapide d'Arnica. Si Arnica n'a pas été donné ou trop tard, ou s'il n'y a pas d'amélioration, du Ledum Pallustre peut aider pour éliminer le sang coagulé de l'hématome. Ledum est indiqué quand la blessure a l'air gonflé, bleu ou pourpre et est froide au toucher. Un œil au beurre noir suite à un coup ou l'impact d'une balle de tennis peut être traité par du Symphytum ou du Ledum.

Piqûres d'insecte

Pour une prévention de piqûres de moustique, du Culex 30 K est très utile. Pour les piqûres elles-mêmes et les complications éventuelles, utilisez du Ledum. Les piqûres d'abeille auraient selon les manuels besoin d'Apis. Cela peut aider, mais aussi bien ne pas avoir d'effet. D'après mon expérience personnelle, c'était raté. Apis pourrait être utile pour une réaction purement locale, avec un point rouge, entouré d' un gonflement rouge ; si ce gonflement fait une apparition rapide, brûle et est soulagé par des applications froides, Apis peut être le remède. Mais si la blessure est moins gonflée et entourée d' un halo blanc, Ledum fonctionnera mieux. Si après 24 heures, la blessure prend une apparence pourpre ou foncée en plus d'être douloureuse, Tarentula Cubensis pourrait être utile.

La plupart des « piqûres d'abeille » sont en fait des piqûres de guêpe, avec lesquelles de l'Apis ou du Ledum ne servent pas à grand-chose. Si la douleur est soulagée en appliquant du vinaigre, du Vespa peut être utile ; en cas d'urticaire ou d'une gorge et des cordes vocales gonflées, du Carbolic Acid doit vite donner une solution, et si cela ne marche pas, il ne faut pas tarder à appliquer le traitement classique : de l'adrénaline et de la cortisone, parce qu'un gonflement du larynx et des organes de déglutition peut être mortel.

Blessures ouvertes

Ledum est un vrai remède miracle pour toutes les blessures punctiformes, non seulement les piqûres d'insecte, mais aussi l'impact de clous, d'échardes, et d'aiguilles. L'exemple classique est la blessure de quelqu'un qui a marché sur un clou. Attention, dans ce cas il faut toujours penser au risque de tétanos. Il faut penser à faire un rappel du vaccin, si le dernier a eu lieu il y a plus de dix ans. Il faut bien sûr désinfecter la blessure et examiner s'il n'y a pas de corps étranger. Ledum est aussi utile pour le bleu résultant d'une prise de sang.

Brûlures

Des bandages et des pommades sont absolument à éviter dans un premier temps. Du beurre ou d'autres graisses ne peuvent que nuire. Peu importe le degré de brûlure, le tissu brûlé doit d'abord être refroidi, parce qu'il accumule la chaleur et les dégâts. Il faut appliquer de l'eau très froide ou de la glace sur la zone brûlée, et la tenir sous le robinet aussi longtemps qu'elle est douloureuse et brûlante, s'il le faut un quart d'heure ou une demie heure. Le froid non seulement limitera les dégâts, mais aussi adoucira et même enlèvera la douleur. Pendant que la blessure refroidit grâce à cette application, le patient peut prendre une dose de Cantharis. Cantharis est surtout indiqué pour des brûlures de deuxième degré, mais semble dans la pratique bénéfique pour la plupart des brûlures ; à reprendre si la douleur revient. Et si Cantharis ne suffit pas, de l'Urtica Urens peut apporter du soulagement.

D'autres remèdes à considérer : de la Belladonna et de l'Apis pour des brûlures de premier degré, qui sont caractérisées par de la rougeur, de la chaleur et de la douleur. Cela peuvent être des brûlures provoquées par une insolation. Une douleur lancinante qui s'aggrave au toucher est une indication pour Belladonna. Mais attention, des coups de soleil graves peuvent aussi être traités de manière efficace par du Cantharis. Si la peau est gonflée et prend l'aspect d'une orange, il faut plutôt penser à Apis.

Accouchement

De l'Arnica, de nouveau, est d'une grande aide lors de l'accouchement. Il combat les contusions internes chez la mère, et diminue le choc pour le bébé, qui reçoit le remède par le placenta. Aussi les saignements postnatals seront contrôlés plus vite avec de l'Arnica.

Infarctus

Les patients victimes d'un infarctus du myocarde peuvent bénéficier de l'aide d'Arnica. Un confrère vit pendant ses stages un patient qui avait des arythmies pendant un infarctus. Sous administration d'Arnica il vit diminuer de manière significative leur fréquence ; en plus le patient déclara que sa douleur avait diminué de 90 pour cent. L'impact de l'Arnica dans ce cas n'est pas étonnant parce qu'un infarctus n'est rien d'autre qu'une lésion du muscle qu'est le coeur, et l'Arnica est le remède par excellence pour des blessures du muscle.

Lésions de nerfs

Le grand remède pour les affections des nerfs est Hypericum. Un doigt écrasé ou une chute sur le coccyx bénéficiera par exemple d'un traitement d' Hypericum. Chaque fois que les nerfs souffrent, l'Hypericum peut apporter du soulagement : par exemple après des opérations, des morsures de chiens, ou un accouchement. En cas de blessure, il faut toujours penser à de l'Arnica, et puis, si cela ne suffit pas, à Hypericum. Attention, les remèdes homéopathiques guérissent. Mais ils n'anesthésient pas. Un sportif blessé pourra avec une bonne dose de sédatifs peut-être remonter sur le terrain. Avec un remède homéopathique il ressentira encore de la douleur, s'il continue à jouer : le membre blessé a besoin d'un minimum de repos pour récupérer. Mais il guérira plus vite et avec moins de complications.

Après une opération qui blesse aussi bien les muscles que les nerfs, il est très utile de prendre les deux : de l'Arnica et de l'Hypericum. Hypericum est aussi un grand remède pour les suites d'une extraction de dents.

Fractures d'os

Une jambe fracturée doit bien sûr être réduite et plâtrée . Pour une guérison rapide et pour enlever la douleur, du Symphytum est le remède de choix. Le Symphytum aide à ce que les bouts d'os fracturés se rejoignent de manière stable. Ce remède est aussi utile dans des cas de contusions du périoste, la couche externe de l'os, après par exemple un coup sur la jambe.

TABLE DES MATIERES

Printed by Books on Demand GmbH, Norderstedt / Germany